復刻版

戸田城聖

―創価学会―

日隈威徳

本の泉社

戸田城聖

牧口常三郎

時習学館時代の戸田城聖

新装なった総本山大石寺

盛大なる文化祭

まえがき

昭和四十五年五月三日は、ここ二十年来、めざましい発展をとげ、今日わが国最大の宗教政治集団に成長した創価学会が、重大な方向転換を発表した日である。

この日、両国日大講堂で開催された創価学会第三十三回本部総会の席上、池田大作会長は、創価学会＝公明党の言論出版抑圧妨害問題を契機に、ほうはいとして起こってきた世論の批判にこたえて、つぎのような陳謝をはじめて行なったのである。

「今回の問題は、あまりにも配慮が足りなかったと思う。また、名誉を守るためとはいえ、これまでは批判に対して、あまりにも神経過敏にすぎた体質があり、それが寛容さを欠き、わざわざ社会と断絶をつくってしまったことも認めなければならない。今後は、二度、同じ轍を踏んではならぬと、猛省したいのであります」。(『大白蓮華』昭和四十五年六月号)

これは、単なる反省演説ではなく、実に、創価学会＝公明党にとっては、自らの運動とその指導理念の破産を宣言したものにほかならなかった。数万の幹部で埋めつくされた会場は、寂として声がなかったという。

池田会長は、ここで、日蓮正宗・創価学会の教義の柱である「国立戒壇」の建立を正式に打ち消し、「政治進出は戒壇建立のための手段では絶対にない。あくまでも大衆福祉を目的とするものであって、宗門、学会の事業とは無関係である」と、前会長戸田城聖以来の政教一致路線を全面否定し、創価学会と公明党の分離を宣言した。さらに、創価学会の生命ともいうべき強引な折伏活動の中止も確認された。

この五月の本部総会と前後して、有名な『折伏教典』は廃棄され、戸田前会長関係の著作類は、店頭から姿を消した。同時に新たに創価学会で執筆、刊行された論文や出版物のなかでは、創価学会の歴史の「書き換え」が進行している。初代牧口会長・三代池田会長時代に比較して、二代戸田会長時代を、すこぶる小さく扱い、しかも、この時代に活動全体の中軸であった軍隊組織の「参謀室」という名称を「青年室」と書き換えて、軍国調を取り除くといった細工を叙述にほどこすなどは、その一例である。

しかしながら第二次大戦後、二十年足らずの短期間に、公称七百五十五万世帯を組織した宗教集団は、日本歴史のうえでも、驚異的な存在であることはたしかであるが、その急膨張の土台が築かれた時期が二代戸田会長時代の一九五〇年代であり、その指導者が戸田城聖その人であったことは、否定することのできない歴史的事実である。また、この宗教集団が「王仏冥合」という政教一致の理念をかかげて政界に進出し、国会において第三党の議席を有する政党を生みだし、わが国の政治の方向に無視することのできない影響を与える宗教政治勢力に伸長した、その基礎を打ちかためた人物も、戸田城聖であることは論をまたない。

つまり、今日の創価学会、公明党の理論、組織論、および運動論のすべての原型は、戸田時代に形成されたものである。ならば、戸田およびその時代を否定することは、創価学会＝公明党のレーゾン・デートルを大きく失わせることになりかねないのではなかろうか。

それはともかく、池田会長によって「学会の指導の根底をなす思想であり、広宣流布達成への指導の根本であり、原典ともいえる。マルクス・レーニンの全集が、唯物思想の根底となっているように『戸田城聖全集』は、色心不二生命哲学の思想全集である」とまで宣揚された、その『戸田城聖全集』（全五巻・昭和四十～四十一年刊）は、刊行後わずか数年で、廃刊処分になったわけであるが、そのような運命にさらされた戸田城聖の思想と行動とは、いったいどのようなものであったのか。

いずれにしろ、戸田の影が、今日も創価学会＝公明党に投影されていることはたしかである。戸田の思想と行動の内実を明らかにすることなしには、この巨大な宗教政治集団の、これまでの歩みを評価分析し、今後の展望を予測することは困難だろう。

本書は、そのための基礎的作業として、戸田城聖の全生涯を、記録と事実に即して描き、その伝記を画定しようと試みたものである。

戸田城聖の著作集が入手できない今日の状況を考慮して、本書では、かれの言説をできるかぎりなまのかたちで示すことにつとめ、そのために多くのスペースをさいた。ために読者、もし冗漫を感ずるとしたら、責はあえて筆者の非力にある。

本書は、著書や論文を通じて、あるいは直接に、多くの先学の方々のご教示をうけて、ようやくまとめられたものである。深く感謝の意を述べる。また、筆者の怠惰は、新人物往来社の関係の方々にご迷惑をかけたが、とくに出版部の内川千裕氏のはげましと助言は忘れられない。記して謝意を表わしたい。

一九七〇年十二月

著者

戸田城聖／目　次

戸田城聖

――創価学会――

一　事業家を目ざして

「浮沈これ人生」

ひとつの偶然にすぎないが、創価学会二代会長戸田城聖の生まれた土地は、立正佼成会会長の庭野日敬とおなじ、北陸である。もっともおなじ北陸といっても、庭野が上州よりの越後の山村の農民の子であるのに対し、戸田は、日本海に面した漁村の産である。

後年、戸田は、「自分の生れは石川県だかどうだかよくわからない」と語っているように、その生地についてはは、格別の関心はしめしていないようだ、

さて、明治三十三年（一九〇〇）二月十一日、戸田城聖は、石川県江沼郡塩屋村（現在の加賀市塩屋町）に生まれた。父は戸田甚七、母をすえといい、七男で十一人目の子供であったので、甚一と名づけられた。

塩屋村は、石川県のいちばん南のはしにあり、大聖寺川をはさんで福井県の寺崎と向かいあう位置にある。当時は、戸数にして五百戸ぐらいの、貧しい漁村で、父親の甚七も漁師だった。

戸田の生まれた明治三十年代初頭といえば、日清戦争（一八九四〜九五年）に勝利した日本が、朝鮮を植民地として確保した結果、賠償金を基礎に本源的蓄積をはかり、金本位制を成立させ、資本主義を急速に発展させることに成功し、中国市場への割りこみをねらいはじめた時期、つまり、日本の帝国主義的な土台が築かれた時期である。

明治三十三年は、国内では治安警察法が公布され、軍部大臣の現役武官制の実施、政友会の創立による国内体制の確立、対外的には義和団の鎮圧のため中国へ出兵したことなどをもって、日本が帝国主義国の仲間入りした年にあたる。

しかし、日清戦争後の〈臥薪嘗胆〉のスローガンでもわかるように、軍備拡張と資本主義産業の急速な発展、寄生地主制の拡大などは、国民の生活をますます苦しくしていき、とりわけ封建的諸関係が広く残っている農村での農民の生活は悲惨であった。

貧しい農民や漁民たちは、出かせぎ労働にいき、また賃金労働者として都市に働きにいかねばならなかった。

戸田の生まれた北陸の漁村でも事情はおなじだっただろう。

明治三十七年（一九〇四）二月、日露戦争がはじまったが、この年の五月、戸田一家は、生活の道を求めて北海道に移住した。石狩川の河口から五里ほどの石狩郡厚田村である。だがここも、ときたまのニシン漁でにぎわう以外は、ほとんど漁らしい漁のない貧しい漁村で、日露戦争後はカラフトへの出かせぎの村になった。

一万人たらずの厚田村も、ニシン漁の盛期である四月から七月にかけては、北海道各地や内地から繰り込んでくる臨時の漁夫で、三万の人口にふくれあがる。

晩年になっても戸田は、北海道のみがきニシンを何よりの好物としていたが、北海道の石狩の海辺がやはりかれにとってはなつかしいふるさとであったのであろう。故郷のニシン漁の賑わいやニシンのうまさを会員によく語ったという。

父は漁場を持つかたわら、石狩町から江別までの回漕業もやっていた。戸田は、厚田尋常高等小学校の高等科を卒業すると、長兄の藤蔵について家業を手伝い、海産物の買い付けや海産物の集産地である小樽の問屋への引き渡しなどを手伝った。戸田は、とくにこの長兄から、商人の道の手ほどきをうけ、秤の操作などを叩きこまれた。

仕事の合い間には、日本海の波高い厚田の海に、小舟を出して遊んだ。

主家（実家のことか―引用者注）を腫物《はれもの》のために休業。時きたった。よし、この期を逸さず浮浪の士たらんと、我れ大海に出づる。大船は、風も雨も避けるに都合もよさそうだが、大きくなったところ即ち、登ったところが船頭様よ。向こうへ、怒濤を蹴り風を操って、ついたところが船主の利さ。それよりも小舟一人の船頭たらんだ。我が腕で波浪を蹴って一点の光明求めて、いざ進まん。ああ時きたったのだ。……

浮沈これ人生。波に沈まば、また、舟がいたまば、運命もそれ限り。万一向こう岸に着くを得ば、人生の最大快楽、いな壮快事。男子の本懐。浮浪の士。浮浪の士。いざ　いざ　いざ

（『若き日の手記・獄中記』）

「大正甲寅（三年）菊月廿三日」と記されてある戸田のこの手記は、現在残されている手記類のなかでは一番古いものであり、当年満十四歳の戸田の、やがては独立して、波荒い社会に船出したいという志にあふれた文章である。それにしても「浮沈これ人生」という一句は、けだし戸

田の生涯を要約してあまりある表現ではある。

後年、戸田は、「ひばり天」というあだ名で呼ばれたことがある。天に昇るひばりのように、好調のときはどこまでも昇るが、いったん失敗すると、その没落ぶりもまた徹底していたことから、事業仲間たちから付けられたものだ。

戸田が家業を手伝っていた大正二年（一九一三）といえば、東北・北海道地方が大凶作に見舞われた年である。北海道では、米穀収量が平年の一、二割に足らず、さらに翌大正三年（一九一四）には経済恐慌におそわれる。戸田の実家の商いも思わしくなくなったにちがいない。大正四年七月七日、戸田は、札幌市南一条西二丁目にある化粧品・荒物の卸問屋㋛合資会社に十年の年季奉公に出た。㋛合資会社では、大八車に商品を積み、得意先の小売店に届けることがおもな仕事であった。同僚に、同じ石狩郡の当別村出身で、森田政吉という少年がいた。

森田は、今朝立った。自分だって永くはあるまい。彼に遅れずにと思ったが、遂々遅れた。悪くすると今一年。だが、俺だって男だ。（『若き日の手記・獄中記』）

上京した森田は、正則英語学校に入学した。札幌で働かなければならなかった戸田は、あせった。

今日学ぶ事の余りに少なる、余りに遅々なる、時間の不経済なる、学問の必要なるよ。……この年期奉公にて立身成すあたわず。男子たる、いな大なる人間を志すもの、すべからく学を修め後に商に志す。家にありて、よく働き、よく勉強するが最上の良策じゃが、あああ、ままならぬ。一日も早く奮闘児たらん、奮闘児となりたい。
（前出書）

大正五年二月二日から六月五日まで、戸田は脚気のため休職して、故郷で静養するが、翌六年二月二十二日、母の病気を口実に㋛合資会社を退社し、厚田に帰った。奉公中も、実家にあっても、戸田は読書をよくした。手あたりしだいの乱読だったが、もっとも愛読したものに村上浪六の『当世五人男』などがある。

㋛合資会社を退社した日の手記に戸田は記している。

前途の光明は遠く音もなく降りくる雪。ああその如く、我れも積まん志を。いかん……未来は。天下の商人、商業家たるの素地をば。未来は未来の念は何時も離れんよ。……

兄様の骨前にひざまずいた。恥ずかしい不甲斐ない甚一だ。許し給え。必ず厚田で兄様、甚一はものになって見せる。

兄様とあるのは、四番目の兄の外吉のことである。秀才の外吉は、厚田村役場に勤務しながら師範学校受験をめざしていたが、十八歳のとき肺結核で死亡。戸田がとくに尊敬していた。

戸田桜心の名、兄様の名だ。

桜の心、潔く散る、咲く時は全盛の名を専らにし、散る時は古武士的に立派に、軍人ならんには喜ぶか、未来商人の戸田甚一、ふさわしくない。以て今日より戸田桜桃と改むべし。
（前出書）

「桜の如く咲き桃の如く実を結ぶ」ことを志して名乗った名である。

厚田村にあっても、戸田の心はうつうつとして晴れる日はなかった。「今日はただ勉学あるのみ」を心に誓い、尋常小学校の准訓導の資格をとろうときめる。しかし、実家の経済状態は、いよいよ窮迫してきた。「身を殺しても工商を以て一家を起こし、未来は北海の……」と決意した戸田は、二番目の兄藤吉の養家先のある小樽へ出て働こうと決心したが、結局は、ふたたび札幌の(小)合資会社に五年の年季で奉公することになった。大正六年六月五日である。

こんにちでも、住込みで働きながら勉強するということは大変なことだ。強い意志と体力が必要であり、短時間の集中力が何よりも要求される。大正初年の労働条件を考えてみれば、そこでの厳しい仕事の合間をぬって勉学にはげむということは、少年にとっては試練の日々であったにちがいない。

戸田のさしあたっての目標は小学校教員の資格をとることだった。通信教育の講義録をたよりに、戸田は勉学への情熱をもやしたが、目的はあくまでも実業界にあった。

前途のプランは確かに定まった。未来は必ずとも、天下の豪者いな富豪として社会を闊歩せん。経路ももくろめり。

北海道の地の利を善用いな活用して可なるべき業は製造業なるべし。北海道の製造業は刮目以ってするに天下を相手どる事難事ならざると己れの目に映ず、工場を北海道にし、売りさばき先を世界に求めん。さればこそ、無一物の自己としては、真実の腕、これ資本なり。

五年の年期奉公有意義に過さん。

（前出書）

戸田は、北海道を舞台に、やがて活躍する日を夢見ていた。だが、少年のかれにふりかかった最初の試練は、発病である。結核性副睾丸炎と思われる病気で、大正六年九月二十五日、札幌市の北辰病院に入院。一ヵ月で退院してすぐ勤務についたが、病後の回復がおもわしくなく、再入院も考えねばならず、その費用について戸田は大いに苦しんだ。

天我れをいつくしみてか二度の手間を要すを戸田の不運とや言うべき。母に強く話さんか心配せん。前に心配させ、またこれ以上の心配なさしむは、人間いな子として最大の不幸と、我れは知る。兄に話して厚顔児と化し事を行なわんか（金天より降るにあらずと言う、金言なるかな、むべなり。兄等汗水流して、また脳髄絞りて得し宝、ああ二度の無心、ああ厚顔なり二度の我が苦しみ。未だ頼まねども）我が身の苦しみやまた何物にたとうらん。苦しみ多し、病後の現在。

（前出書）

結局、仙場病院へ入院することになり、入院費用六十円は、勤務先の主人から借用した。

母様は小樽より昨日来た。小使い文無しに自分はなっておる。太田清作殿へ三円拝借と出掛けて聞き届け下され帰るや、停車場通り㊗岩崎旅館に滞在の日本哲名学館札幌臨時出張員（小倉鉄鳳先生）の意見により戸田甚一改め戸田晴通とす。

（前出書）

この改名鑑定料として、かれは三円を支払っている。無一文のところへ三円を借金し、それを支払ってまた無一文となるところなどは、いかにも戸田らしいところである。後に、創価学会会長となってからは、「姓名判断や八卦みたいなものは、人生をしあわせにするわけがない」（『戸田城聖先生論文集』下）と、会員たちに教えていた戸田であるが、再度の奉公中に、くりかえし入院生活を送らなければならなかった少年戸田にとっては、改名もまた、「一種精神的慰安可否と真剣なり」というわけだった。

そののち戸田は、翌大正七年に雅皓、同十年に博方、同十一年には城外と改めており、敗戦までこの城外の名を用いていた。

青　春――奉公時代

このころ戸田は、㈾合資会社の得意先で、札幌市北八条東三丁目で小間物雑貨を商っていた生田母娘と親しくなった。入院中にも見舞いをうけ、娘の加代には、戸田は、青年らしい恋心をもつようになった。そのころの手帳に、

恋といふ字も覚えたりや歌かるた

という句が書きとめられてある。

しかし、戸田は必死にその感情を捨てようと努力した。

国家の為、東洋の為に、己れの家を興さずばならない身だ。ただ前途あって今日無きがあたりまえだ。しかるに現在は残念なるかな、無念なるかな、婦女子と言う観念が自分の身いな頭にある。残念だ。恋ではないぞ。ただ加代さんの親切が気になるのだ。……

しかし自分も天下に心身を磨いて世界的人物ならざるべからざる身だ。よし捨てるぞ、捨てずして可なるべきか邪念を。女がなんだ、戸田晴通は男である。捨てる、捨てる、捨てる、思うまい。……

彼女の一家に対して受けし恩義に酬ゆる一部として誠心幸あれかしと計るべきの外、恋その外の事は持つべからず、彼女が自分の理想たるやいなやにかかわらず、自分は未だその事には五年ないし十年早い。（前出書）

大正七年一月二十四日、病癒えた戸田は、仙場病院を退院した。退院を期して、かれは誓いのことばを、美濃紙に毛筆で書き、印鑑で捺印までしている。

本日、仙場病院を退院す。往時茫々か。顧望すれば、四ヵ月百十余日の病院生活。病、ここに癒えしかと思えば、また、快感の起こるを感ず。

ここに誓う。天地、兄上に。

男子として自己の、職責に忠、勉学また熱心、前途また失わず。万事に懸命たるべきこと。

天地の正道を踏むべし。

ねがう、ために身体を、自己の志をなし遂げる暁まで、大強壮たらしめよ。しかして、志すは、決して自己一身の為ならず、東洋の為、帝国の為、または、青年の養成にあるなり。

（前出書）

大正六年、十七歳の戸田は、すでに尋常小学校准訓導の資格検定試験に合格していたが、「未来は天下の豪商」たらんとしたかれにとっては、第一次大戦を契機にした「大戦景気」は大きな刺激剤であった。独占資本主義の確立にともない、社会の階級構成は変化しつつあった。

刮目注視せば時代既に商工にあり、志のところ商に置くともたれか不可を言う。されど言う人ありとせば時勢そのものを解せぬなり。……

見よ、今日高位置の人おそらく少壮に時代を知り時代に擁せられて立ち、奮闘以ってこの位置を得、位置学によりし。されど今日学問の要求時代を去りぬ。実業界にその人を待つ。あに我れ立たざるして得べけんや。

（前出書）

そのためには、「北海道が修業の場所なり、奮闘の場所たらんか、いな北海道は辺地なり。……よろしく座を阪神とすべし。阪神の地これ商工の中心、支那に近く、南洋の通路またあり、天下の形勢に通ぜん」、「中央、中央、我が事業を起こす前に見るべきの地は大阪か神戸ではあるまいか」という思いに、かられるのであった。

大正七年（一九一八）四月二十一日付けをもって、戸田は㊇合資会社を退社し、夕張に住む長姉ツネのもとをたずね、そこの石狩炭鉱株式会社若鍋第二坑販売所の事務員に採用された。

約一ヵ月の勤務ののち、六月三十日、夕張郡登川村真谷地の真谷地尋常小学校の准訓導として赴任した。「小生不幸にして末に生まれたる為に父母の生あるうちにとて、これのみ考えて暮しおりますが、天は私に幸を与えません。㊇合資会社に奉公中は、夜昼なしの奮開をいたしました。余りに先を急いだのと孤軍の位置で一人の援助もなき仕事は功を奏しません。空しく希望を擲《なげう》って教員となりました。しかし擲った希望の炎は、焼け燃えぬのではありません」と、厚田村の家族にあてた手紙に戸田は書いている。

月給は十八円であったが、戸田はさらに努力をかさね、その年の十二月二十四日付けで、正訓導の資格を取得した。「月給は一躍、二十三円に上り、夕張郡では有名になったものです」とのちに戸田は述懐している。

校長の家に招かれて大変馳走になった。八年度の年を祝して飲んだ、生まれて初めて飲んだ。大いに飲んで少しも酔わない、愉快であった。今年豪たり、英たり、優たることができるだろう。ただ国家的観念のもとに正義を踏んで進むのみだ。（前出書）

この真谷地で、戸田は高等学校入学試験受験資格を得るために、勉学に励んだが、いっぽうでは、複数の女性との恋愛問題も大いに発展させたらしい。数年後に戸田は書いている。

真谷地の三ヵ年、うち足掛け二年即ち十九及び二十歳の二ヵ年の大部分は、意義ある年なりし事よ。今日の戸田の正に少年時代とも言うべし。

向上と言い研究と言い申し分なく、吾人の心中一点はずるなく勇敢に奮闘せり。しかして二十一歳の年の戸田の遺憾さよ。恋にもつれ、恋に狂いて、最も神聖なる教職を汚す。戸田は神掛けて慙愧に耐えざるなり。対者の悪しきにあらざるなり。戸田の卑怯、不徳義心、意気なき結果と言うべし。ああ馬鹿者戸田よ、汝は馬鹿なり狂人なり偽り者なり。……

我れは三月断然立ちぬ。彼等を捨てて立ちぬ。しかし、この罪を消さんにこそ、一人の立派な男子となり、社会の為に一命捨ててこそと覚悟して帝都に出でぬ。

（前出書）

上京――牧口常三郎との出会い

大正九年（一九二〇）三月、在職一年九ヵ月で戸田は真谷地小学校を退職した。それは「校長が退職に追い込まれた事情」があって、戸田が「それを黙視できずに、退職の行動を共にした」（池田大作『人間革命』第二巻）のではなく、一に女性問題の清算にあった。

二十歳の戸田は、退職と同時に、ただちに上京した。先に上京していた森田政吉のところに身を寄せ、早稲田鶴巻町に下宿してさっそく就職口を探し、勉学の手段を講じようとした。上京一カ月目の日記に、戸田はこう書いている。

出京此処に一月、一月の光陰は人生五十年に比すれば短少なれども、其の精神的変化に於ては過去二十年も遠く之れに及ばざるなり……深思せよ。我は男子なり、生は日本帝国に享《う》く……男子として日本帝国に生を享けし自己の責任や如何、責任……大任を授かる可く、身心を練らざる可らず、大任を果す可く身心を磨かざるべからず、即ち国家の材、世界の指導者としての大任を授る可く練り、果すべく磨かざるべからず。……小なる我が身其の質たるや如何……知らず我れには奮闘あるのみ。

一切を捨てて修養あるのみ、今日の人のそしり、笑い眼中になし、最後の目的を達せんのみ、只信仰の力に生きんと心掛けんのみ。

修養。一、勉学せしか。一、父母の幸福を祈りしか。一、世界民族、日本民族の我なりと思ひ小なる自己の欲望を抑へしか。一、大度量たりしか。一、時間を空費せざりしか。一、誠なりしか。

過去の悪事はわびよ。許されん。力とするは神あるのみと知れるか。（前出書）

ここには、立身をめざしながら、「奮闘」と「修養」によって、「目的」を達成しようとする、逆境にある青年の客気がみなぎっている。「神」とあるが、特定の宗教をさすわけではない。

しかし、ことはけっして順調にはすすまなかった。北海道の僻地から、頼るべき人物も方策ももたぬままに上京してきた青年にとって、第一次大戦後の不況下の東京は、あたたかく迎えいれてくれる地ではなかった。職を求めて、ある医院に書生として住み込んだりしながら、戸田は悶悶としなければならなかった。ふたたび、戸田の日記（『大白蓮華』一五二号）をみよう。

　未だ余は余の師人を見ず、余の主を見ず、しかし自己の思想の帰依未だ意を得ず、余は自己の心中に師を求め、主を求めざるを知る。大学そもなんぞ、高等学校そも何ぞ、自己の心中に求む所ありて、始めて社会に奮闘す可きなり、奮闘し得可きなり、日に日に向上して心に笑む可きのみ、俗人の言に耳を傾けるの要あらんや。

　頼り難きは人心、独立なれ、自尊なれ運命も自己自ら開拓せざれば鍵開きて来る可き筈は非るなり、大きく見よ、局部のみに非ず、大局を汝奮闘の土地を、場面を、人の嘲笑世の罵倒にも、なんぞ自己に信ずる所あれば可なり、恐るるな、人の嘲笑、世の罵倒……一度立つ時は天下を席捲す可き腕を持て……腕と自信をもって立て、知己を百世に求めよ、現世に知らるるを心掛るな。己れ授ける責任を求めてこれを果せ。

失意と挫折のなかで、戸田は短歌によせて、みずからをなぐさめて日記をつけた。

都なる霞も花も我れ見ねど
　心のどかの春の山かぜ
故山の空のあなたを偲ぶ時
　慈愛に充る父母の顔
竜となり臥竜が丘を生かさんと

北海道出身の苦学生たちと知り合い、それらの友人たちの先輩たちをもたずねて、職を乞う日がつづいた。

やがて戸田は、北海道の先輩の紹介状をもって、大正九年（一九二〇）の夏八月ごろ、当時、下谷の西町小学校長であった牧口常三郎の自宅を訪ねた。「戸田先生は後に、牧口先生宅をはじめて訪れられたとき、奥さんが井戸の水を汲み上げておられた情景をよく話されていた」（『大白蓮華』一五二号）そうであるが、牧口常三郎との出会いは、戸田の生涯の転機となったのである。

はじめての対面で、戸田は、「先生、私を採用してください。私はどんな劣等生でも必ず優等生にしてみせます。私を採用してくだされば、あとできっと喜ばれるでしょう」とたのんだという。牧口は、「そうか、そうか」とうなずきながら、「きみの才能は成功すれば、すばらしく成功し、失敗すればまた大いなる敗残者になるであろう」といましめたという。戸田の自己紹介は、いかにも戸田らしいものだが、牧口も、よくその戸田の面目を見抜いたというべきだろう。

牧口常三郎は、明治四年（一八七一）に新潟の漁村に生まれているので、戸田よりちょうど三十歳上である。小学校を出て、北海道に渡り、苦学しながら札幌師範を卒業、成績が優秀だったので母校附属の教師になったが、当時の実生活から遊離した地理教育にあきたらず、「自然と人生との関係」を探求する新しい地理学の研究に没頭した。明治三十四年に上京したかれは、社会地理学としては先駆的意義をもつ『人生地理学』（一九〇三年）を刊行して、好評をえた。だが、学閥に属さない独学のかれには学者のポストは与えられず、雑誌、教科書の編さんなどに従事したのち、ふたたび教師となり、東京市内の小学校長を歴任していた。

北陸の漁村に生まれ、生活の道をもとめて北海道に渡り、そこで小学校教師となり、やがて東京にとび出してきて、結局そこでまた小学校教師になる——という牧口の人生行路を偶然にせよ三十年おくれてそのままたどって、いまたずねてきた戸田に、牧口常三郎がその時、どのような感慨をもったか知るよしもない。

ともかく戸田はまもなく、西町小学校の臨時代用教員として採用された。それ以来戸田は牧口の人格に傾倒し、その教育観に共鳴してもっとも忠実な部下となり、よき片腕となっていった。

この頃の状況を、のちに戸田は「聖教新聞」に妙悟空の筆名で連載した小説『人間革命』でつぎのように記している。

先生は文部省の地理編纂官から、東京市の教員となって入られた時に、全国的な模範小学校を作るために大正小学校の校長になられた。その時に、一生涯大正小学校に校長であるべき事を約束したのであったが、時の政友会ボス、東京市の陰の市長として悪辣極まりなき権謀術策の人、高橋義信に賄賂を贈り、へつらいをしない、というかどで西町小学校に左遷されたのである。しかるに先生は権力に屈する事を嫌い、彼の豪華な西町御殿と時の人がよんだ家に伺候はしなかった。彼高橋がますます怒って、時の教育課長、時の区長を使って迫害に出たのであった。高級職員には、高橋系の者を全部入れて、殆んど学校行政を行なえないような有様であった。出ていけがしの取り扱い中、幹部以下が大結束をなして先生を守ったのである。自分も末席の教員でありながら、この運動の参加を許され必死の擁護運動をしたものであった。雨のドシャ降りの中、この運動のために先生の宅を訪ずれてビショヌれになった事もある。

先生はこの事を時折り口にして、奥様にもらされたとやら、その時の戦いを今またまざまざと思い出す。そのかいもなく教育仲間では首切り場所といわれた、三笠小学校に又々左遷されたのである。……先生なき後の西町小学校は、自分に取って墓場であった。しかも自分は三月で首になる身である。二十一歳の若さにかられて、七十銭で短刀を一本買った。その短刀をふところにのんで、校長と首席と次席を殺してしまうと談判して、何回も短刀をば机の上にたたきつけた事がある。これを恐れて三月たっても首にしない。しかし先行のない身であった。それを哀れんで牧田（牧口―引用者）先生は自分の学校の訓導と、自分とを引きかえに自分を三笠の学校に引きとって、ただちに任命の手続きを行なってくれた。

三笠小学校というのは、特殊児童のための小学校で、貧困家庭の児童が多かった。戸田は後年「現在の学校給食のはしりは自分である」と語っていたというが、ここで戸田は自分の給料をはたいてまめもちや、いもなどを空腹の児童にあたえてやったという。

「この恋に燃ゆるべし」

三笠小学校の教員時代のわずかな生活の安定によって、戸田は、私立開成中学の夜間部に入学、第三学年に編入された。同級生には、現在の日蓮正宗法主の細井日達がいた。細井日達はのちに戸田の一周忌法要で、戸田の思い出を次のように語った。

会長先生は、一生を通じてそうであったごとく、非常に友達と親しくされまして、自分の所へ一つのグループをつくられるのでございます。級へ入って来られても、たちまち四、五人は常に回りに集まっており、休み時間になると、会長先生が大将になって、いろいろと話されるのでございます。

世界の情勢とか、本当かうそか知らないけれども（笑）とにかく論ずるのです。それがおもしろくて、みんなは集まって聞いた。会長先生は『おれは、こんな学校にくるわけじゃないんだけれども、この検定試験をうけるために来ているんだ』といって、いばって学校へ来ているんでございます。それでともかく学問の方ができるんですからかなわない。数学でも国語でも、とにかく級としては一、二番をあらそっておる。……その後、宗門に入ってからも、よく『お前はおれより出来なかったじゃないか』といわれるのが、一番困ったわけですな。（笑）だけど、あまり

人の前でいわなかったからよかったけれど……（笑）

（『大白蓮華』一五二号）

戸田は、電車のなかで一高生や慶応の学生を見つけると、英語の読めないところをたずねたり、受験予備校にもぐりこんで、講師に数学の解法を質問したりしたという。

大正十一年二月二十三日、神ハ罪ノ一部ヲ許サレテ我レニ、高検ヲ与エ給ウ。タダ有難ク感謝スル。……一高ト慶応トノ受験ニヨリテ、前途ノ一段ヲツケテ、直チニ感得セル使命ノ為ニ奮ワントス。……

兄上様。私ヲシテ得サシメ給エ。一高入学ノ栄ヲ。

（『若き日の手記・獄中記』）

大正十一年（一九二二）二月、戸田は、府立四中で高等学校入学資格試験に合格し、中学四学年修了の資格を得た。

このころ戸田は、最初の妻となった浦田つたを知り、はげしい恋におちた。

我れ生まれて二十三歳にして真の恋を知る。理知の上に立ち、感情と闘い、しかして、この恋、心中に横わる。

（前出書）

戸田の煩悶はつづいた。

二年の月日は永い訳ではない、日数とすれば約八百日、回顧すれば其の間は、僕に取っては物質的に、精神的に向上した月日と言わねばならない。

ほとんど行き詰った真谷地の教員時代から、東京の荒波の中へ誰一人知る者なき時代に飛び込んだのだ。意気があったからだと言うより外に道はない、まるで無謀に近いものと、批評も出来る。しかして暗黒時代はあった。日夜想いに沈んだ日はあった、計画は頽れる戦は破れる、川瀬君と二人手と手とを取って泣いたこともある。塩釜（引用者注―三男の善作）へ相談にいったが、何一つ得るなくして帰った。悶えた、苦しんだ、頼った、結局得たるものはなんだろう。苦悶……失望である。しかし僕の身体の中からは、意気の火は消えなかった……そして最後に僕の運命を開いた大いなる力は自分であった。

行き詰る、悶える、変転する、㊫時代から度々あったことだ、而して今又其の行き詰りの時代が来たのだ、変転期が来たのだ。

悶えもしよう、考えもしよう、苦しみもしよう、当然あるべきことで、何も不思議ではない。

このもだえ、苦しみ、考える時代に彼女に恋し恋されたと言うことは時期が悪いと言えよう。前途の問題と、恋の問題との混線とも見える。三年の計画、これを基礎としてたてよう。成果のよしあしは、自分の知った事ではない。事の利害は案ずるに足らない。恋も一時捨てよう。学問も一時思い止まろう。一切を捨てる意気が一切を拾う意気を与えるに違いない。

（前出書）

しかし、その二日後に戸田は、こう記している。

生まれて二十三歳、真の恋を知る。理想の妻と定めし彼女、また我が為に誠心を捧ぐ。

我れ根強く彼女を愛さん。いかなる変化にあうとも、いかなる境遇にあるとも、我が妻は彼女のみ。……我れも男子にして若き青年なり、前途に強きが如くこの恋に強かるべく、前途に燃えたるが如く、この恋に燃ゆるべし。

（前出書）

この年、戸田は、つたと結婚した。

こうして、ようやく前途に「光明」を見出そうとしていた戸田にとって、きびしい冬の時代がおとずれることになる。

大正十一年暮十二月、戸田は三笠小学校を退職した。戸田自身は「私はクビを切られて食えなくなった」と語っているだけでくわしい事情はわからない。

教壇を去った戸田は、ともかくも生計の道を講ずるために渋谷道玄坂で、露天商の下駄屋をひらいた。下駄の緒は、夜なべしてかれ自身がつくった。その後、八千代生命という、そのころ大募集をはじめた保険会社の外交員になり、かなりの成績はあげた。しかし当時の恐慌のなかで失業した大学卒のインテリを大量に吸収したこの職場では、学歴のない戸田には、将来のあかるい見通しはもてそうにもなく、八千代生命もやがてつぶれた。

大正十二年（一九二三）九月一日、関東大震災がおこった。マグニチュード七・九のこの大激震は大災害をおよぼし、東京、横浜をはじめ関東の主要都市は焦土と化した。津浪も襲来し、東京では通信・交通機関や、ガス・水道・電燈などすべて停止した。死者は、九万人以上、全壊焼失家屋は四十六万戸にのぼった。

戸田自身は、ぬけ目なく妻の実家のある新潟から米を運んで相当金をもうけたらしい。だが、大震災直後生まれた長女安代を半年後になくし、翌年には妻つたも肺結核で失った。

戸田自身も結核にかかり、しばしば喀血に苦しんだ。大正十三年（一九二四）ごろには中央大学の夜間部の経済学部にかよってもいたが、戸田にとっては病魔と肉親の死別、生活苦とのきびしい戦いの日々であった。

このころの状態を戸田はつぎのように述べている。

その昔、生れて間もない一人の娘が死んで、悩み苦しみぬいたことを思い出してみる。その時自分は娘に死なれてこんなに悩む、もし妻が死んだら（その妻も死んで自分を悲しませたが）……もし親が死んだら（その親も死んで私は非常に泣いたのであったが）……と思った時に身震いして、さらに自分自身が死に直面したらどうか……と考えたら目がくらくらするのであった。それ以来キリスト教の信仰に入ったり、又は阿弥陀経によったりして、たえず道を求めてきたが、どうしても生命の問題に関して、心の奥底から納得するものは何一つ得られなかった。

（『戸田城聖先生論文集』）

時習学館

八千代生命の外交のかたわら、戸田は、目黒の日の出幼稚園の一室を借りて、小学生相手の学習塾をひらいていたが、大正十二年、江原という人物の後援で、下大崎に「時習学館」を開設した。「目黒駅前からすこし白金にむかって右に折れると、大きな邸宅ばかりになる突先に『時習学館』のボロな三階建の建物がたっていた」（山下肇・加太こうじ『ふたりの昭和史』）、と昭和六年からこの受験塾にかよったドイツ文学者山下肇は書いている。山下は一日も休まずに「時習学館」にかよったそうであるが、当時の小学校が、大正期の小学校教育に流れていた自由主義教育が弾圧され、次第に軍国主義化の方向に向かおうとしていただけに、「時習学館」には、受験教育とはいえ、小学校の教室にはみられない自由闊達《かったつ》な気風があふれていたらしい。山下はこう描いている。

先生はみな学生アルバイトの若い元気な荒武者たちで、先生も生徒も大きな声をだしあって、からかいあい、武者ぶりつき、友だちのように一緒に勉強した。先生にも生徒にも、衆俗に超然とした一種の野党的な誇りと情熱があった。

先生たちの口からは、公然と社会批判や小学教育批判がとびだし、悲憤慷慨の気が教室にみなぎった。要するに、かれらは社会主義の洗礼をうけて大学を追われたマルクスくずれか、社会に正当な位置を得ないアウトサイダー失業者たちで、蓬髪の蒼白な顔に強い近眼鏡をかけて年中ドイツ・リードをくちずさんでいる数学の教師もいれば、津田塾出で英語を教える方が得意の美しい女性もいた。その先頭に塾長のボス戸田城外が立って、大声叱咤の陣頭指揮であった。

（前出書）

この当時は中学校や女学校の入学試験が激烈をきわめたころである。有名校は十数倍という競争率で小学校でも受験教育や補習授業に力をいれていた。こうした当時の「受験地獄」の波を利用して、戸田は、牧口の「創価教育」の実験場として「時習学館」を活用したともいえる。

ふたたび山下の同書によって戸田の当時のおもかげをしのんでみよう。

「時習学館」の戸田先生は、当時はまだ三十代だったろうが、デップリ肥って「海坊主」みたいな「ノンキなトウサン」型の野人で、しかし、怒ると真赤になって建物全体にひびきわたるほど割れるような大声でみんなを縮みあがらせた。野心満々たる野武士の気魄に私は「三好清海入道」のユーモラスな側面もあわせて、この先生に一種の「山師」的なものをかぎつけていた。先生はみずから歴史の講義をひきうけ、南朝と北朝の争いに大雄弁をふるって、「今の天皇陛下は正統ではない」と断言した。これには私たちもびっくりしたが、小学校ではついぞ聞いたこともないこうした言辞が堂々と語られることにひそかな畏敬と鼓舞されるものをおぼえもした。

実際、戸田の授業は、ユーモラスで、笑いながら子供たちが理解できる教授法であったらしい。戸田はとくに算数がとくいだった。のちに戸田の算数の授業を見学した小学校教師だった辻武寿はこう回想している。

数学の授業が、こんなにも楽しく、こんなにもわかりやすく、アッハッハと笑いころげながら教えることができるのかと、私は別世界に行ったような、偉大な感激とショックを覚えた。戸田先生は〝時習学館に来る生徒は、昼間学校へ行ったうえ、こうして勉強しに来るのだから、おもしろく、たのしい授業をして、なお、よくわからせなければ、なんにもならない〟といわれた。

（『大白蓮華』一五二号）

たとえば算術の授業の一例として、昭和十六年から「時習学館」で学生アルバイトとして働き、のちに創価学会の教学部長となった小平芳平は、戸田の算術の模範授業をこう記している。

算術の指導は、まず基本となる一つの型をしっかりおぼえさせる。つぎには、同系統の問題を少しずつ変え、少しずつ複雑にして教えていけば、どんなむずかしい問題にも到達できるというのです。

一番かんたんな問題は、まず「2というものを見たことがありますか」と聞く。

すると皆「はい、見ました」と手をあげる。

そこで黒板へ「2」と書いて「これが2か」と聞けば、皆「そうです」と答える。

今度は「犬」と書いて、「これはなにか」と聞けば、

「犬です」と答える。

それでは「この犬は赤犬か、黒犬か、この犬をあげるから持って行け」といえば、皆こまった顔をする。

そうして、「それは犬ではない。犬という字です」などといいます。

要するに「2」というのは「2冊」とか「2枚」とか「2人」とかいう具体的な数から「2」という数を抽象した概念ということになるのです。


（『大白蓮華』一五二号）

ところで、山下少年がするどくかぎつけたように、戸田の風ぼうには一種の「山師」的なものが、すでにそのころからあった。それは同時に、師範学校的な画一化された教師像とは異なった人間的な魅力にもつながる。夏になると「時習学館」では生徒を引きつれて臨海学校に出かけたが、戸田はサルマタ一つで海に入ってきて生徒たちと遊んだという。

こうした戸田は、生徒の母親たちから不思議な人気があり、臨海学校までおしかけてきて熱をあげている母親たちもあったという。

また「時習学館」の生徒数はせいぜい五、六十人であったから、その収入源は数千人の小学生

を集めて行なわれた模擬試験にあった。「時習学館」は神宮外苑にある日本青年館を会場にしていたが、他の予備校のこの種の模擬試験も毎日曜日行なわれていた。

当時、あちこちの他流試合に出て模擬試験を受け、当時最大の難関とされていた七年制高校の府立高校尋常科に合格したインド哲学者高崎直道は、戸田の模擬試験では戸田城外の名前が看板に大きく書かれていたことが、つよく印象に残っていると語っている。

戸田は、その独特の教授法とともに、その戸田城外という名前も、またたくみに少年の頭脳にやきつけることにもたけていたというべきだろう。このあたりに後年の戸田城聖の「成功」の秘密をとくカギがあるように思われる。戸田は、「時習学館」で教材に使ったテキストや、数学の得意な小学校教師に依頼して作成した問題を集めて、参考書を編集することを思いたった。昭和五年（一九三〇）五月に初版をだし、その後十年たらずのあいだに版を重ねて、合計百万部を売ったといわれる戸田城外著『推理式指導算術』が、それである。

『戸田城聖全集』第五巻は、一巻を、この『推理式指導算術』にあてている（収録されているものの原本は、昭和十三年一月刊の改訂八十七版のものである）。

この『推理式指導算術』には、「創価教育学体系の著者としての立ち場にて」という牧口常三郎の序文がついている。そこで、牧口は、従来の数学教育の欠陥を、指導方法の拙さと良書の存在しないことにあることを指摘し、「これ余が創価教育学樹立の動機となり、しかもその内容の重要なる一部を占めるものである。余の説かんとする所は、理論上の確信に止まってその真理の実証はいまだ余の企図する能わざるところなりしも、かねて余の学説を支持せられたる戸田城外氏が多年の経験を包容せる本書によりてわが学説の万遺憾なき実証と普遍性を見しは余の最も愉快とするところである」と述べている。

しかしながら、この小学生向けの受験参考書を一瞥《べつ》したかぎり、算術の問題集としては、分量が相当あつめてあり、充実しているという印象はうけるが、牧口の自讃しているような、「創価教育学」を実証している書物にはとうていみえない。

第一、推理式といっても、算術はすべて推理式でないものはないのであり、本書をとくに推理式と名付けるだけの特色があるわけではない。

だが、仔細に検討すると、同書にはいくつかの特徴があり、そこに受験生のあいだで人気を博しベストセラーになった理由があるようだ、受験算術の多年の経験から、指導はたしかにゆき届いているといえよう。例えば、この問題が解答できなければ、小学校何学年何学期の教科書を復習しなければなりません、といった調子である。

問題の分類が、非常に多岐にわたっていることも目立つ。目新しい、細い分類である。こうした問題や解答方法をいくつもに分類し、型にはめて、記憶させるという方法は、たしかに受験指導の一典型であり、受験算術という点からだけでいえば、すぐれているといえるだろう。

しかしながら、こうした「型分け」をおしつけても、頭脳のやわらかい小学生に、問題に内在する矛盾をとらえさせて、「数学する」という思考法を育てることにはならない。問題解答の技術には熟達しても、真の数学教育の観点からいえば、それは邪道というべきものである。

戸田は、自分の教育方法について、後年、こう述べたことがある。

私のは〝綴り方教育法〟というのだが、今のようなありのまま書くのとは反対で、一つの形式を作り文章を自由にこなさせた上で、形式から創造するという方法だったんだな。今は誰もやりませんよ。

（『宗教と信仰の心理学』）

こうした公式や形式を、まず頭にたたきこんでいや応なくおぼえさせ、そのうえで応用として新しい問題にとりくませる方法に、戸田は絶対の自信をもっていた。

のちに、創価学会が、「方程式」という言葉であらわした、人生問題解決のための「仏法の原理」なるものの一番の基本型は、この時代の戸田の教育法に端的にあらわれているといえるだろう。

宗教へのかかわり

昭和初年の、社会的な混乱と不安のなかで、妻子を失い、生活に苦闘していた戸田は、心の拠りどころを求めてさまよっていた。ところがたまたま、戸田の師牧口が、日蓮正宗に入信するということがおこった。昭和三年の六月である。

昭和三年（一九二八）といえば、前年からの金融恐慌はますます深刻となり、国民の生活はいっそうきびしくなっていった年である。労働者、農民の闘いがはげしさをまし、それにともなってその弾圧体制も強化され、共産党や無産政党にたいする弾圧は三・一五事件をピークにいよいよ狂暴化していった。

大陸に向けては帝国主義的な侵略が開始され、「政治上の暗黒時代」（美濃部達吉）が到来した。当時、芝の白金小学校の校長であった牧口は、偶然のつながりから、目白商業の校長で日蓮正宗の有力な信者で理論家でもあった三谷素啓の折伏をうけて日蓮正宗に入信し、中野教会歓喜寮に所属することになった。

この日蓮正宗は、日蓮の六人の高弟のひとり日興（一二四六―一三三〇年）にはじまるが、日蓮の教義を純粋にまもりそのお墨付をもつ正統派である、と主張して、身延を総本山とする日蓮宗をはじめ、他の日蓮の門流を邪宗ときめつけている宗派である。その教理は異端的な小宗派に特有の、神秘性と非妥協性をもっており、江戸時代の大石寺第二十六世日寛（一六六五―一七二六年）によって体系化された。それは日蓮の門流のなかでも、きわめて独特のもので、日蓮を末法の時代に現われた真の仏であるとする「日蓮本仏論」を主張し、日蓮が書いて弟子に与えたといわれる「マンダラ」の板を「大御本尊」とし、題目を唱えてこれを拝むことにより、功徳を得ることができる、とする。そして、大石寺にその本尊を祀る戒壇を国が建立する（国立戒壇）ことにより、「本門の本尊、本門の題目、本門の戒壇」の「三大秘法」は実現し、王仏冥合の理想世界がきずかれる、と説いている。

しかし、国家神道体制のもとでは、本門の戒壇（国立戒壇）が実現する条件などまったくない。日蓮正宗は日蓮系の少数派として、沈滞した状態にあった。昭和五年（一九三〇）当時、寺院数六十九、説教所・教会数四十一、檀信徒数八万余人という小規模の宗派にすぎなかったのである。

牧口の生家は日蓮宗ではあったが、これまで牧口はほとんど宗教に関心はもたなかったといってよい。札幌師範の在学中には、土地柄から、友人にキリスト者が多く、内村鑑三の著書や、郷土会の新渡戸稲造などを通じて、キリスト教にはいくらか接触していたし、時々禊《みそぎ》もやったことがあるというが、とくに宗教的な意味はなかったという。

その牧口が、なぜ日蓮正宗の信仰にひかれるようになったかは今日までまだ明らかにされてはいない。かれが日蓮正宗の信仰に強くひかれたのは、「中世的で繁雑な教学体系よりも、その戦闘的、非妥協的な性格や厳粛主義の魅力」にあり、「この雰囲気が牧口の教育者としての生活感覚と権力への反感にこたえるものをもっていた」からだろうと学者は推測している。（村上重良『創価学会＝公明党』）

柳田国男が「牧口君入信の動機」と題する小文で、牧口の入信は貧困と子供たちをつぎつぎに病没させたことにあるのだろうと述べているのは興味を引く。（『定本柳田国男集』別巻第三）

さて戸田は、牧口につづいて日蓮正宗に入信した。やはり三谷素啓の折伏をうけたのである。

宗教と戸田とのつながりといえば、上京まもなくの戸田は、海外に雄飛することによって、苦況を脱しようとこころみ、力行会という団体にはいったことがある。

力行会というのは、キリスト教系の苦学生援護団体で、東北学院出身の島貫兵太夫が始めたものである。島貫は、アメリカなどへの海外移民によって、日本の貧困問題は解決できると考え、移住するためには、現地の習俗を知らねばならぬというところから、キリスト教入門講座などの教育をほどこしていたのである。力行会の移民計画は、アメリカの排日法案によって頓挫したあとは、もっぱら南米、とくにブラジルを目ざすようになった。

「私はなんとなく米国かブラジルへ行きたくてこれに入ったんだが、キリスト教は最初は嫌いだったねえ。死んでからの復活が馬鹿々々しかったんだなあ。しかし、やがて信仰に入っていった」（『宗教と信仰の心理学』）と、戸田自身が後年語っている。

戸田にキリスト教の信仰の指導をしたのは、「時習学館」の生徒の親で田中達夫という工学博士であった。当時、田中は「修養」という伝道誌を発行しており、内村鑑三の弟子であった。電気学者の田中は唯物史観にたいして、万物を電子の合成とみる唯電史観を唱えていた。この田中のもとで、戸田自身も伝道にしたがったほど熱心だった時期もあったらしい。（『月刊キリスト』一九六七年一月号）

しかし、キリストを信じながらもたえず心の不安に悩まされ、事業も安定しない。男女の三角関係に苦しんだこともあり、キリスト教に確信がもてなかった。そこで田中にそういう悩みをうちあけても納得のゆく答えがない。

戸田はキリスト教を離れた原因について、「『キリスト教の神のあることはオボロにわかるが障子に映るちょうちんのようなものだ。懐しく尊いものとは思えない。知識としては、私はわかっているつもりだ』といったんだが、一時間以上も田中さんはだまっていただけだったんだなあ」（『宗教と信仰の心理学』）と述懐している。

キリスト教をやめた昭和三年の秋に、戸田は、前に述べたように日蓮正宗に入信した。ところが日蓮正宗は、当時小さな教団にすぎない。戸田は、いっこうに信仰に力をいれる気にはならない。そこで三谷は「こういう信仰心のない悪いやつは、御本山へつれていかねばならぬ」といって、戸田を大石寺につれていったという。

辻武寿の回想によると、戸田がこんな話をよくしたという。

国を出るとき、おやじさんから五円もらって出かけた。おやじさんのいわく『ほかのものは何をやってもよいが、法華とキリストだけはやるな』と。

けれども、私は両方ともやってしまった。キリスト教もやってみた。けれども神という名前だけで、会いたくもないし、なつかしくもない、見ることもできない。なぜなのかと牧師にきいてみた。しかし、牧師はだまって考えこんだまま、長い間なにも答えてくれなかった。私はそのときに、キリスト教はやめようと決心した。

また大石寺にはじめて登山して、御開扉を受けたとき、涙を流したり、感激している人がいたが、私は、なにも感じないままに、ぼうっとしておわってしまった。ところが、帰りの汽車の中で、はじめて、なんともいえない、偉大な大御本尊の力を感じて、『ほんものだ』と、本心から感嘆した。（『大白蓮華』一五二号）

こうした戸田の体験を宗教学者は、「戸田のそれまでの悩みが集積して、緊張の極に達した状態のとき、現代ばなれのした中世的ななまなましい〝威力のある〟仏の前に突きつけられたのを機会に、回心を経験した」（小口偉一・佐木秋夫『創価学会』）ということだろうと説明している。

大石寺から帰ると、戸田は、父親から兄にゆずられ、その兄から戸田の妻が死んだときにもらった阿弥陀仏の軸を自分で焼いて「謗法払い」をした。

そのころの心境を戸田は、「本山へ行って、なにか変った今までにない体験を得て、エライもんだなあと思って、理屈なしで正宗に入ったわけです。しかし、その頃の信仰は拝まないとバチが当ると困ると思って拝んだ程度で、研究なんかしたことはなかった」（『宗教と信仰の心理学』）と説明している。

このころの戸田はまだ、牧口の日蓮正宗への傾倒について行けずに、戸惑っているという状態にあったが、牧口のように「学説は学説。信仰は信仰。哲学は哲学」と割り切れないまま、次のステップを踏み出したのである。

二　日蓮正宗との出会い

創価教育学会の誕生――教育から宗教へ

昭和五年（一九三〇）、牧口と戸田の二人は、「創価教育学会」という看板を時習学館にかかげて、ここに創価学会の前身創価教育学会が発足した。牧口のライフ・ワークである『創価教育学体系』第一巻の奥付発行日十一月十八日が、現在、創価学会では、創設の日とされている。

牧口の教育理論をまとめて出版することが、この創価教育学会の第一の仕事であり、会長牧口常三郎、理事長戸田城外という二人だけの会でもあった。「真善美の価値哲学に育てられた日本の学者連」に対抗して「利善美」の新しい価値を創造するという主張を書物にして出版しようとしたわけである。

その出版費用に牧口は自分の退職金をあてた。土地の有力者や、東京市の視学たちとのおりあいの悪かった一徹ものの牧口は、芝の白金小学校の校長を十年つとめ、同校を有名校に育てながら、結局、昭和四年には退職を余儀なくされた。在任中から牧口は、自己の教育理論を実践・普及したいと考えていた。かれの片腕であった戸田は、「時習学館」でなんとか経済的土台をつくり、『推理式指導算術』ですこしまとまった金を手にすることができたが、依然として不安定な生活には変わりはなかった。

創価教育学大系は全十二巻の構想をもっていたが、総論四巻で中絶の形になった。その中核をなす第二巻『価値論』(昭和六年)が、戦後に戸田の手で補訂再刊され(昭和二十九年)、『折伏教典』とならんで創価学会の基本文献となるのである。

創価教育学は、昭和初期の恐慌のもとで小市民のなかから生まれた異端的な教育論・人間論である。牧口は、その地理研究、郷土研究から一貫して、現実に即し大衆の実利に役だつ教育を追求してきた。「教育勅語」の権威をふりかざす文部官僚の形式主義や、それを補強するドイツ観念論の抽象的な人格主義に対しては、不満をもちつづけていた。当時、破局的な矛盾に直面していた日本の支配者たちは、大衆の犠牲のうえにその打開を求めて、産業合理化と弾圧を強行し、冒険的な侵略戦争への道を突き進んでいた。そうした状勢のもとで不遇な小学校長が思いつめたように書き綴った教育論には、生活苦と不安に投げこまれながら活路を求める大衆の切実な願望とあがきが反映している。

しかし牧口の教育論は、弾圧の嵐のなかで抵抗をつづける教育運動とは結びつかなかった。かれは中間的な小市民の限界を突きぬけることができず、その「大衆」は、階級性というきびしい現実を捨象した「庶民」にほかならなかった。苦難の体制的な根源を見ぬくことができず、権力と対決するのではなく、その「良識」に期待をかけて、「教育機関改造論」や「教育制度改造論」を熱心に進言したのである。

その論旨は、時代おくれで現実ばなれの教育を改造して、「国難の救済に翼賛」したい、というものだった。牧口は、コントの社会発展の図式にしたがって、現代を「科学的合理的生活、実証的共同と理性的結合の社会、立憲自治の政治、〝産業合理的革命〟と労資協調の経済」の時代と規定し、それにふさわしい能率と実利をもたらす科学的教育なるものを提唱したのである。この点に、牧口の教育学説の階級的本質が端的にあらわされている。

牧口の哲学は、『体系』第二巻の『価値論』に集約されている。『価値論』は、アカデミー哲学の「概念哲学」にたいして、「あくまで経験的な立場から、実生活に即して反省をなし分析をなし思索をし以て真実の姿を把握する」価値の「経験科学」を樹立するものだという。デュルケム派のフランス社会学の方法がこれに採用されている。

かれは、新カント派、とくにヴィンデルバント、リッケルトなどのドイツ西南学派の「価値哲学」に手がかりをもとめ、その真・善・美・聖の価値体系にたいして、利・善・美の価値体系を対置した。「真」の代わりに「利」の価値を設定し、「聖」を価値体系から除いたのである。そして、この新カント派とともに、ベルグソンやディルタイの「生の哲学」を援用して、功利主義の生命的自我の哲学を形成したのである。すなわち、「価値」は「評価主体の生命」との関係において把握され、「真・善・美・聖」に代わる「利・善・美」の価値は、評価主体の生命にとって有用であるかどうかの観点から判断されることになる。

この「利」の価値観念の導入は、たしかに、絶対主義天皇制下において、禁欲倫理を強制されてきた民衆に、欲望の充足と解放を示すものとして、訴えるものをもっていたといえよう。

しかし、価値が人間生活における実用性、功利性からとらえられ、評価の基準が、相対的で主観的であるかぎり、このプラグマティックな「価値」は、究極では、超越的で先験的な存在（＝神）をみちびき入れて、宗教と結びつかざるをえなくなる。（佐木・小口『創価学会』参照）

だから、実はこの神はキリスト教の神でもいいことになる。柏原ヤスが、当時の牧口の指導についてつぎのように回想しているのはおもしろい。

「信仰と生活とは別じゃない。好き嫌いよりも損得、損得よりも善悪の生活をしなきゃならない。その善と悪との基準は価値論できめて、善にも大中小がある、大善じゃなきゃならない、と引っぱってくるわけです。相当、理論的に自分たちの生活を反省しながら、最高の生活法っていうのは大善生活だと、いやおうなしにもってくる。そして、大善生活イコール南無妙法蓮華経ということになる。この御本尊様を拝むことだと、こう結びつけちゃうわけです。ところが、大善生活＝キリスト教としたっていい、という人もいる。そこで、それじゃ勝負でいこう、どっちに罰が出るか、勝負できめよう、ということになる。またよく出たわねえ、罰が」（『大白蓮華』五五号から要約引用）

これは、昭和十年代後期の回想であるが、ここではすでに牧口は、創価教育法からいわば創価生活法というべきものに転化していることがはっきりとみてとれる。

牧口の価値論の哲学が、日蓮正宗の教義を通じて法華経信仰と結合したことによって、牧口は教育のみならず、「大善生活」すなわち民衆の生活の向上と不幸や不運に泣く人々の「宿命転換」の法を説くにいたったのである。

創価教育学会はこうして新宗教団体に変身していくのである。

当時の牧口の「大善生活」についての説教を、戸田は小説『人間革命』のなかで、つぎのように描いている。


日蓮大聖人は末法の仏でいらせられる、御本仏でいらせられる。我々一切の衆生を救うために御出現になられたのである。貴方が真実の南無妙法蓮華経を唱え、信ずるなら、貴方に強い強い生命力が湧き出て来るのです。貴方は絶対の功徳をうけるのです。生活として利・善・美の生活が出来て来るのです。但し南無妙法蓮華経と言っても何十種類もある、仏立講、身延、中山の法華、霊友会、立正佼成会なんかは邪宗と言って不幸の種子になるが、真実正直の日蓮大聖人から法灯連綿とつづいた、清浄な世界唯一の南無妙法蓮華経こそ幸福の種子です。是非貴方もこれを信じて、貴方自身も貴方の一家も運命の転換を計って、この幸福の種子を人々に分けて大善生活をやりなさい。


ここにあげられている霊友会や立正佼成会は、いうまでもなく戦後の創価学会のライバル教団として有名である。小説で、「邪宗」の例にひかれているのは、戦後の事情の逆投影である。

昭和十年代に入った日本は、満州事変にはじまる大陸侵略コースの速度をはやめ、ファシズムの抬頭を背景に、日中戦争へと進んでいった。昭和初年の恐慌以来、都市の中小零細経営者、俸給生活者等を基盤に天理教、大本教をはじめ、生長の家、ひとのみち等の新宗教が急激に教勢を拡大した。

こうした新宗教の発展は、当時の社会的条件をぬきにしては考えられない。大恐慌下にはげしくなった階級対立も、うちつづく大弾圧によって侵略戦争への道へと地ならしされていった。共産主義ばかりでなく、自由主義への迫害もはじまり、昭和八年には華北侵略が開始された。国内では五・一五事件、二・二六事件を契機にファッショ化が進行していった。そして昭和十二年(一九三七)七月七日、日本軍は中国侵略の全面的戦争を開始したのである。

こういう時代に「時習学館」の経営に専心した戸田は、昭和六年には苦境時代に中断していた中央大学の夜間部経済科を卒業したが、『推理式指導算術』の出版の成功に気をよくして、受験書の出版や印刷業に手をのばし、念願の事業家の道を歩みはじめたのである。

もちろん、事業家といっても財政的な基盤があるわけではない。前に引用した山下肇の回想によると、戸田は山下の父親に指輪を抵当にして借金を申し込んで、ことわられたこともあるという。

昭和九年には、戸田の結核も全快し、翌年には松尾幾子と再婚して、十年の独身生活に別れを告げている。やがて長男喬久をもうけた。

折伏の開始

昭和六年か七年ごろには、牧口はかれの生家のある新潟県の荒浜に出かけて、親戚などの人々を「折伏」している。しかし、創価教育学会の会員のほとんどは、東京の小学校教員であり、かれらをあつめて「時習学館」で実験教育や研究会を開いていたが、日蓮正宗に入信することがその会員の資格にもなってきた。

小学校長を退職して、自分の教育理論の普及と実験に意欲をもやしていた牧口は、「時習学館」を実験場として、若い教師を養成して、「創価教育」を実施させることにしたのである。オーストラリア大使を最後に外交官生活を引退した大石寺の檀徒秋月左都夫が、牧口の『価値論』や、実力主義の教育論に共鳴したのは、このころである。秋月は、牧口への応援を約束した。小学校教師を創価教育学会の研究生として、月々十円を給費することにして、寺坂陽三ら六人がえらばれた。十円というのは、当時の小学校教師が家庭教師の内職で得る額である。

研究生の募集のための打ち合わせ会が行なわれたのは昭和十一年（一九三六）、場所は日蓮正宗総本山、富士の大石寺だった。当時すでに、創価教育学会と日蓮正宗との関係はそこまで深まっていた。

そのころ、思想統制はいよいよきびしくなり、発表の自由は制限され、とくに教育についてはあらゆる民主的な運動が弾圧されていた。そういうなかで、創価教育学会は宗教との関係を深めながらのびていった。

昭和十二年（一九三七）には、創価教育学会の正式の発会式が麻布の菊水亭という料亭であげられた。あつまった会員は約六十名で、古島一雄、秋月左都夫が顧問となり、牧口が会長、戸田が理事長である。古島一雄は、犬養毅らと政友会で活躍し、第二次大戦後は保守政界の黒幕として知られた人物である。戸田は青年時代、政友会の院外団として、護憲三派の運動の応援をやり、古島の「教えを受けた」ことがある、という。

これ以後、創価教育学会は本格的な活動を開始することになる。

この発会式のころに、牧口は、弟子の一人である矢島周平をつれて、長野県下の折伏旅行を行なったことがある。矢島は、戸田の投資していた平和食品株式会社の支配人であり、信州の出身で、「元々は共産党の一人であった」が、「今は純然と仏教に帰依して共産党攻撃の第一人者」（戸田『人間革命』）であったという。

その矢島の案内で、牧口らは、長野県下の折伏旅行を行なったのであるが、後年戸田は、つぎのように語っている。

小平（芳平）　長野県は共産党の……。

戸田　そうそう。共産党系のクビになった教員の系統をたどって行ったわけだ。今は全部退転して一人も残っていないけれどもね。だいぶ昔の話だ。（『戸田城聖全集』第五巻）

戸田の語っている「共産党系のクビになった云々」というのは、いうまでもなく、昭和八年（一九三三）二月から四月にかけて、長野県でおこったいわゆる「長野県教員赤化事件」をさす。六十五校、百三十八名にのぼる教師たちが、いっせいに検挙された事件である。

牧口は昭和十一年の初めごろから、『新教』という月刊雑誌を刊行したが、半年間でつぶれた。この雑誌で牧口は、若い教師たちの教育上の疑問や、人生上の悩みについて答えている。

こうして、七十歳になろうしている牧口が、折伏の先頭にたって、三年後には、創価教育学会の会員は五百名を数えるまでになっていた。

創価教育学会は、昭和十五年に第二回総会をもったが、会員も五百名になり、その後、春秋二回の総会を中心に次第に会員をふやしていった。当時の総会の会場には、九段の軍人会館や教育会館が使われたが、午前、午後にわたる総会でいろいろな体験発表があり、会場には創価教育による実証として、児童生徒の習字、図工などの作品が展覧会のようにかざりつけられてあった。

企画部・折伏指導部・教育研究部・印刷部・生活革新同盟倶楽部などの組織もととのった。

昭和十六年七月二十日には、機関紙『価値創造』が創刊された。その第一号に牧口は、つぎのような創刊の辞を寄せている。

損よりは得を、害よりは利を、悪よりは善を、醜よりは美を、而して何れも近小よりは遠大をと希望し、遂に無上最大の幸福に達せざればやまないのが人情であり理想である。いう所の価値創造の生活とはこれを意味する。

この希望に応じて、最大の価値の生活法を証明されたのが仏教の極意で、妙法と称しまつり、他のあらゆる生活法と区別されたた。吾々は大善生活法と仮称して、世間在来の小善生活法と区別せんとする。さればいかなる人でも知らねばならず、依らねばならぬ性質の法であり、不知不識の中に、幾分は信頼して居る所であり、それが吾等の生活しうる所以である。ただ無意識なるがために往々間違いがおこり、損害罪悪と現われ、不幸の生活に陥る。のりといい、道といい、規、則、律、憲、理、道理、道徳などというも、同じ意味で、生活の実相に現われている。この最大価値の創造を現実の生活において、生活によって証明し、研究し、指導せんとするのが創価教育学会の目的であり、そのために結果を発表して交換しあい、相携えて無上最大の幸福に達し、以て国家社会の隆昌を企てるのが吾等の期する所で、本誌発行の趣旨である。

このころには、小学校の教師だけでなく、中小零細業者などが、創価教育学会に入会してきていた。昭和十六年八月の大石寺での第六回夏季講習会には、一週間に延べ百八十三人が参加しており、盛況だったが、これが戦前最後の夏季講習会でもあった。

昭和十六、七年のころは、土曜日によく時習学館で、教師たちの研究会が牧口を中心に行なわれていた。国語教育の教授法を中心として、価値論を基本にすえた創価教育の研究会だった。

「十人そこそこのわれわれ教員のために、戸田先生が実際の授業を二回ほどやって見せてくださったことがあった」「模範授業のあとで、戸田先生は〝さあ、いっしょにメシでもたべよう〟

といって、麻布の菊水亭へつれていって、ごちそうをたべさせてくださった。先生はお酒を飲みながら、おもしろく参考になる話しをいろいろとしてくださったり、〝雨は降る降る人馬はぬる〟と田原坂の歌を、いっしょに歌ったりされ、そのうち、すうっと立たれて、手洗いへ行かれるふりをして、いつの間にか姿を消してしまわれるのであった」（『大白蓮華』一五二号）と辻武寿は回想している。

「弟子の道」

昭和十六年十一月二日の総会で、戸田は、「弟子の道」と題する講演を行なっている。それが、戦前の数少ない戸田の記録として残されている。

日興上人は、日蓮大聖人様をしのごうなどとのお考えは、毫もあらせられぬ。われわれも、ただ牧口先生の教えを、すなおに守り、すなおに実行し、われわれの生活のなかに顕現しなければならない。

牧口先生は、金もうけはされない。しかし、われわれは、先生の教えによって金もうけをし、また、ある人は技術を磨かなければならない。先生を親と思うのは、間違いをおこす。先生は師匠であり、われわれは弟子である。

牧口先生のお宅でも、お子様は、師匠と弟子とを混同されている。わたくしの宅でも、そうである。

先生のお子様は、先生を親と思っている。師匠と思っていない。先生が御法のことを申されるときは、峻厳である。それが師匠である。もちろん、親としての心もある。しかし、師匠の分野としてみるべきときが多い。

先生は、『折伏しろ』といわれる。しかし、先生のことばづかいだけをまねて、なにになる。黄金水を流してしまうようなものである。ある人は、主人であることが認識できないため、失敗している。主人は主人の道を実行しなければならぬ。また、弟子は弟子の道を守らねばならぬ。ことばも、実行も、先生の教えを、身に顕現しなければならない。（『戸田城聖先生講演集』上）

牧口は、日蓮正宗への信仰が強まるにつれて、ますます「折伏」に熱中していったが、「先生は大学者」で「私は一個の商人」という戸田は、「先生の教えによって金もうけをし」、その牧口を助けていったというべきだろう。「大酒呑みで毎晩料理屋通い」、牧口の講義のときも「裸でふんどし一本で将棋に夢中」（戸田『人間革命』）だが、それが戸田の「弟子の道」であった。

東京や神奈川、福岡などで、牧口を講師とする座談会が開かれるようになり、その座談会は「生活革新実験証明座談会」と呼ばれた。

座談会では、価値論の講義が中心になった。当時の戸田に価値論についての論文がある。

人間は、無関係の存在には、少しの注意も払わない。あることすら、意識しないことが多い。しかるに、吾人の生命に、なんらかの影響を与える存在にたいしては、判然と意識し、その関係性を感得する。人間の生命を危うくする存在には、なおさら、その注意を怠らない。

野獣と家畜との差異は、人生に有する関係性の有無と相違にほかならない。すなわち、はじめ、人生にたいして無関係として放置されたものが、一朝なにかの動機によって、そのなつきやすい柔順性が見出され、それが、知らず知らずの間に利用され、次に意識的に利用され、次に、その有用性が実験証明されて、初めて一般化し、家畜として人生に深き関係が結ばれ、人間は、ついに、家畜としての関係性、すなわち、価値と認むるにいたったのである。

すなわち、力としてあらわれた実在の方面は、たんなる感覚刺激にとどまらず、より強く生命への抵抗力として生命にふれ、したがって、快苦の感情として対応する程度に影響する。よって、これにもとづいて測定したる対象と主観との関係状態を、社会は価値と名づけるのである。

（『戸田城聖先生論文集』）

「価値とは」と題する、この小論文でもわかるように、価値論とは一口でいえば、プラグマティズムにたつ実用的哲学である。この「哲学」に日蓮正宗の信仰が結合してくる。牧口は、日常生活のあらゆる面にわたって、それを法華経の功徳と罰、とりわけ罰論、つまり法華経を誹謗すればバチがあたる、すなわち謗法の罰で指導したのである。

昭和十六年の『価値創造』創刊のころは、会員はおよそ三千名といわれ、小学校教師のほか商店の主人、主婦、会社員、苦学生など、いろいろな階層の人々が参加している。

昭和十三年（一九三八）に発足した立正佼成会（当時大日本立正交成会）が、昭和十六年に信者数三千人といわれており、創価教育学会も、太平洋戦直前の時代に発足した新興宗教として、まず順調なスタートをきったというべきだろう。教育運動にかんしていうならば、民間教育団体として最後まで弾圧をまぬがれていた「教育科学研究会」も、昭和十六年四月には解散を余儀なくされていたのである。

このころに入会して、のちに創価学会の幹部になったものに、辻武寿、小泉隆、原島鯉之助（のち宏治）ら、小学校教師のグループがいるが、かれらはどのような気持で活動に参加していたのだろうか。辻は、当時の模様をつぎのように語っている。


その頃、私は、二十三歳位でしたが、それはもうはりきっていたものです。入信によってすでに実践力、行動力が身についてきたのでね。今でもはっきりおぼえていますが、文部次官を折伏しようと次官の家を訪ねて、十一時半頃までがんばったことがあります。若僧の小学校教員が文部次官をたずねるなんて、昔は想像もできません。それをやったのです。

話の内容は、歴史の教科書にある忠孝両全の人平重盛というのは間違った記述だから訂正してほしいというものでした。〝孝ならんとすれば忠ならず、忠ならんと欲すれば孝ならず〟といったという重盛の言葉はおかしいし、まして〝自分を殺してから、天皇を改めてほしい〟という言葉が間違っている。〝あくまで、親をいましめる姿勢こそ、忠であり、大善である〟と申しあげたのです。小善、中善、大善のわからない者には、忠と孝の関係も、忠孝両全の道もわからないという私の意見にも大体共鳴してくれましたね。かえる時、玄関先まで送ってくれました。

（『大白蓮華』一五二号）

折伏の意気があがり、各地での座談会、研究会も活発に行なわれていく。

機関紙『価値創造』は、昭和十七年二月一日の幹部会の決議をつぎのように伝えている。

＊牧口会長総論「依法不依人」の精神を以て、一家も一社も各支部も専制的指導を誡めよ。

＊新支部長決定　かくて支部数は二十五となる。

＊野島理事の提案に基き、次の如く決定

一　折伏強化運動　各支部は会員を倍加すること。各支部毎に一人が一人以上を折伏すること、第一期は六月末とし、増加会員を理事長に報告する。各支部は地域的に会員を定めること。各支部長は各支部会員名簿を整理し、三月一日までに理事長に報告する。

二　挺身隊の設置　各支部より挺身隊員候補者男子二名以上を推薦し、本部理事会により決定する。

目的

1　各職域の指導的地位にある者を折伏する

2　特別会員の獲得
3　退転者の再折伏
4　当宗の害虫的信仰者の再折伏
5　僧侶の諫暁
三　婦人部の活躍
婦人部も挺身隊に準じて、各支部より挺身隊二名以上を推薦する。
四　地方支部は右に従う。

（池田諭『牧口常三郎』より）

事業の拡大

こうした学会の活動を財政面でささえていたのが戸田やかれの所属する「生活革新同盟倶楽部」の会員たちであった。時習学館が軌道にのると、戸田はその運営を、弟子の神尾武雄にゆだね、戸田自身は、時習学館に日本小学館という看板をかかげて、事業経営にのりだしていた。

昭和十六年九月に、新聞広告の夜間教師募集に応じて、時習学館の住みこみの教師となって就職し、同時に入信した小平芳平は、こう回想している。

はじめて時習学館へ行ったときには、一日おくれて行ったので、ほかには応募者も来ていない事務室で、なにかわけのわからないことをいわれました。今から考えると、それは折伏だったのでした。

採用するともしないともいわれないまま、翌日は牧口会長の目白の自宅へ行くようにいわれ、行ってみると、七十余歳の御老齢にもかかわらず、じつにテキパキと生活指導をなさっておられ、そのお姿が印象的でありました。

昼間は出版の関係者が働いている会社の事務室の一隅で、ひとりの老人をかこみ、二十歳から三十歳くらいの若い教員が十人ほど集まって、熱心に教育問題を討議していました。

（中　略）

入社してから一ヵ月ほどして、はじめて戸田先生にお目にかかりました。このときは、まだ四十一歳の壮年でした。昼間だったので、非常にお忙しそうでした。

戸田先生は、当時は理事長として、もっぱら牧口会長の理論を実践し、生活の上に実証しなければならないことを主張され、生活革新同盟クラブを結成して、経済界に基盤を築きつつありました。

（『大白蓮華』一五二号）

戸田の事業の中心は、日本小学館であったが、ここで東京、神奈川の小学校教師から零細な出資金を集めたもので、二〇円株を二十五円で売り出し、年二割という高い配当を約束した。集まった金を戸田は、大道書房、奥川書房、四海書房、秀英舎等の小出版社や、平和食品などの関係会社に投資した。年に春秋二回、目黒の雅叙園に出資者を集めて、配当金を渡すのが、当時の戸田の喜びの一つだったという。

原島や小泉らの小学校教師は、会員の信者であると同時に、日本小学館の出資者でもあり、和泉覚（現在の創価学会理事長）は、憲兵下士官であったが、親戚が日本小学館に多額の出資をしていたという。

戸田がばく大な利益をあげたのは、大衆文学の出版である。とくに太平洋戦争が開始されてからは、北海道厚田村の同郷出身で特別に親しかった子母沢寛に、大道書房で書き下し小説を書いてもらい、『勝安房守』など五十余点を刊行した。

資金が豊富になった戸田は、神田に日本商事という手形割引き会社を設立し、昭和十八年一月には、千葉県の醤油問屋平野商店を九十五万円で譲りうけ、五万円の証拠金をおさめて兜町の証券界に進出した。事業がもっともさかんだった時には、十七の会社を支配し、資産金は六百万円、月収は一万円を超えたという。（村上重良「戸田城聖と折伏大行進」『近代日本を創った百人』下、所収、参照）

こうした事業経営の手足となったのは、秘書役の住吉吉太郎と、会計の森重紀美子であったが、のち森重は、戸田の第二夫人とうわさされていたらしい。

戸田は前に述べた小平の回想にあるように、自分の周辺の事業仲間を入信させて、生活革新同盟クラブをつくっていたが、このグループは、信者といっても商売上の利益で戸田とのつながりがあるだけに、離れていくのもまた早かった。昭和十八年秋には、創価学会の理事長職を、戸田は、副理事長の野島辰次にゆずることが、ほぼ決定的になっていた。

いっぽう、時習学館は生徒の数がだんだん少なくなっていき、経営が困難になった。昭和十四年九月には、文部省は、中等諸学校の入学試験の選抜方法を、それまでの筆記試験をやめ、内申書、口頭試問、身体検査にあらためる通牒を発した。多くの中学進学受験塾は、これで致命的な打撃をうけた。

太平洋戦争勃発前後に、創価教育学会は、活動の最盛期をむかえた。会員は約三千人といわれ、北海道から九州にわたる全国各地で折伏が行なわれた。物資欠乏の時代であったが、創価教育学会では電話がひけたということが、東京の宗教界では話題になったという。（村上、前出書、参照）

ここで、「公明党が反権力政党であるかのように宣伝して」いることは「創立当時を知る者には片腹いたい話」だという書き出しの一人のジャーナリストの回想を引用しよう。

そのころ（ざっと二十六、七年前）、長い浪人の末に、私はやっと神田の個人経営の出版屋に職を得た。驚いたことに、入社当日の夜、社長が突然、私の家に日蓮正宗方式の仏壇をかつぎこんで、浄土真宗の信者であった亡母の仏壇を焼き捨てろといって、母を泣かせてしまった。

毎朝、出社すると、まず社の仏壇に向かって「お題目」をとなえねばならず、一週間に一度は社長に引率されて「ありがたい講話」を聞きにいかねばならなかった。

その「講話」をする「先生」が、初代創価学会（そのころは、創価〝教育〟学会といった）の会長牧口常三郎氏であった。

学会には、もう一人「先生」という人がいて、実権はその「先生」が握っていた。「もう一人の先生」は戸田城外氏であった。かれは自ら「大道書房」と、もう一つ名は忘れたが異なった社名をもって、硬軟両様の単行本の出版をやっており、「正宗の御利益」で、その経営は順調であった。そして、神田かいわいの小出版社や組版所（印刷はしないで活版の組みだけをやる）六、七社のグループを融資によって支配していた。

銀行取引のできない小出版社にとっては、戸田氏の融資は大へんありがたいものであったが、その代わり、利子は相当に高く、また、日蓮正宗への帰依と、創価〝教育〟学会への入会が条件であった。

毎月、各出版社の成績一覧表ができて、もし、売上げが不成績ならば信心が足りないとしかられ、それは融資にもひびいた。

そこで、傘下の各社長は、競争で「折伏」につとめ、社員たちも、いやおうなしに、前記、週一回の講話拝聴、月一回の教会（今の江東区砂町にあった）に通い、約三ヵ月に一回の大石寺参詣に狩り出された。

当時は太平洋戦争の初期で日本軍は南に北に連戦連勝（？）であった。

牧口会長の講話は、いつもこの点に触れ蒙古襲来のときの日蓮をひきあいに出して、日本の戦勝は、みな御本尊の正統を受けつぐ日蓮正宗の信仰の力によるものであり、日本は、やがて全世界を統一し、「王仏冥合」によって、日蓮正宗こそが世界のすべての中心となり、世界人類の救済者となる——というのが、要するに、その結論であった。

われわれ被使用人はもちろん、社長連中のなかにも、金づるの手前、仕方なく入信していた者もいたことと思うが、なかには、私の社の社長のような狂信家もいた。かれは、日本の大勝利を信じ切っていたので、敗戦時のショックは大きく、牧口会長の予言がはずれたことに腹を立て、学会をやめてしまった。

（「赤旗」一九七〇年二月十九日）

ここには、信仰と事業とをたくみに結びつけた戸田の才腕が、創価学会に批判的な目で描写されているとともに、太平洋戦争の緒戦の勝利に酔いながら、やがて統制経済のきびしい戦時下の国民生活の不安と不満からの脱け道を呪術的で現世利益を約束する新興宗教にもとめる人々に、創価教育学会が、なにを説いたかが具体的に示されている。

開戦二年目、昭和十七年になると戦局は、いちじるしく悪化した。民衆の生活は、極度の耐乏を強いられてくる。それだけに、政府の思想統制をふくむ、国民生活の全般にわたるファッショ的統制は狂気じみてきた。

新興宗教として順調に伸びつつ、「大東亜戦争」の勝利を素朴に信じ、「王仏冥合」の到来を夢みていた創価教育学会にも、官憲の警戒の目は、いや応なく注がれていた。

では、昭和十八年七月の幹部二十一名いっせい検挙による創価教育学会への弾圧は、どのような背景のもとに、どんな名目で行なわれたのだろうか。

戦時下の宗教弾圧

話はもどるが、昭和十四年（一九三九）一月、時の平沼内閣は、明治以来の懸案であった「宗教団体法」を第七十四議会においてついに成立させた。

宗教団体法の理由書として、政府のかかげたのはつぎのようなことであった。

国民精神の作興は宗教の健全なる発達に俟つ所頗る大にして、現下時局の際其の必要更に切実なるものあるに鑑み、宗教団体の地位及之に対する保護監督の関係を明確ならしめ、其の健全なる発達竝に教化に教化機能の増進を図る等の為、宗教団体法を制定するの必要あり、是れ本案を提出する所以なり。

そしてこの宗教団体法は、いうまでもなく宗教団体と宗教結社とに適用されるもので、宗教団体の設立には一定の要件のもとに認可を必要とし、宗教結社の組織にも届出を要し、団体結社ともに主管官庁の監督をうけるものとしていた。これでわかるように、この宗教団体法のねらいが宗教にたいする統制にあったことはあきらかであった。

松尾宗務局長は、つぎのように述べている。

「若しも宗教団体或は教師等が教義上から、我国にをいて神社参拝を拒むやうな、あるひは人を参拝させないやうな、若しもさういふ不料簡な真似をするやうでござゐますれば、それは明らかに安寧秩序を紊す者である。少く共公益を害すると云ったやうなことに相成らうと存じますので、其の点はひとつ本法（宗教団体法）によって厳に律して行きたい。斯う考へております」

（「宗教団体法案貴族院特別委員会議事速記録」）

こうして宗教界は、天皇制ファシズムの精神的支柱として、法律的に強力な枠をはめられたわけである。（中濃教篤『近代日本の宗教と政治』参照）

すでに昭和十年（一九三五）には、第二次大本教事件として知られている大本教幹部のいっせい検挙と教団本部の破壊があり、翌十一年には、出口王仁三郎以下の教団の主要な幹部が、治安維持法違反で起訴された。同年ひとのみち教団、翌々年天理ほんみちが弾圧をうけた。

その治安維持法も、宗教団体法を追って、昭和十六年（一九四一）二月には、改正案が国会に上提された。治安維持法（第七条）には、

国体を否定し又は神宮若は皇室の尊厳を冒瀆すべき事項を流布することを目的として結社を組識したる者又は結社の役員其の他指導者たる任務に従事したる者は無期又は四年以上の懲役に処し

とあるように、宗教団体法と治安維持法とは、ファシズム政権にとって思想統制、宗教弾圧の最大の武器であった。その結果は、つぎのような二、三の例であきらかであろう。

昭和十四年（一九三九）六月、文部省は公文書をもって、竜谷大学の教科書『真宗要義』のな

かの、「不穏字句」の改訂を命じてきた。それは親鸞が『教行信証』の後序に、自分や法然の流罪にかんして記した、「主上臣下法に背き、義に違し、忿りをなし怨を結ぶ」という言葉などをふくむものであり、たんに一教科書だけの問題でなく、教団ぜんたいにかかわる大問題であった。そこで西本願寺では全国の勧学を動員して検討した結果、翌年、教典のなかで「拝読遠慮」を至当とする個所を十三ヵ条に要約して一部の布教関係者に配布した。

この措置が西本願寺の上層部だけで秘密裡に行なわれたために、教団の内部では宗務当局が軍部・官僚の圧迫に屈伏して闇取引したものだとする批判があり、また同じ真宗の他派からは、西本願寺が出しぬいて忠義づらをするものだという非難がでた、このため西本願寺の執行梅原真隆は竜谷布教協会の席上で「決して諸君が考えて居られる様に曲学阿世でも権勢に屈服したのでもないのである。時代の圧力から来る当然の帰趨であり、殊に国家の命令ならば、我々宗教家としては如何に一官吏の誤謬に依り発せられた命令と雖も」「絶対に遵奉」すべきであると弁明につとめたという。（『日本仏教史』第三巻、参照）

天皇たちを「僅かの小島の主」と呼び、崇峻天皇を「腹あしき王」ときめつけた日蓮の遺文はことに問題が多かった。これら不敬の文を削除せよとの厳命をうけながら不削除方針を堅持した法華宗は、ついに当局の怒りをかい、昭和十六年（一九四一）幹部がいっせいに検挙された。しかし、苅谷日住は当局の弾圧に屈せず「法難を感謝せよ」と叫んで看守の暴力に堪え、神戸地方裁判所、控訴院、大審院と公判の闘いを続けた。これに呼応し獄外では老信者原真平が「神も仏もわからんやつらが指導していたのでは日本の前途は破壊される」と一般信者に訴えつづけていたが、ついにかれも捕えられ、拷問によって敗戦直前に獄死した。（中濃、前出書、参照）

仏教教団の下部では、こうした僧侶や信者たちの根強い批判があったのである。

キリスト教会もその例外ではなかった。さまざまな弾圧（上智大学の靖国神社参拝拒否事件、救世軍・灯台社弾圧事件等）が行なわれたが、集中的に弾圧迫害を受けたのはホーリネス系と無教会系であった。とくにホーリネス教会の迫害事件は有名である。

この事件は、ホーリネス教会の終末観の教義（信仰）が八紘一宇の国体と衝突するとの疑いで、昭和十七年（一九四二）六月二十六日、教職者五十六名が検挙され、そのうち大部分（四十九名）が各々四年ないし一年の懲役（執行猶予を含む）の判決を受け（うち獄中死亡者四名）、さらに教会も解散させられた事件である。

この事件の中心人物の一人として、昭和十七年六月二十六日逮捕され、昭和十九年四月十三日に保釈になるまで、二十二ヵ月間獄中にあり、きびしい取調べを受けた米田豊牧師は最近つぎのように証言している。


警察官の調べはなかなか綿密に、微より細にいたって詳細をきわめたもので、はじめ部長が研究的にいろいろの点にわたって調べ、あるいは手記を書かせたりして、その後に警部補がまた詳しく調べて本式の調書をつくるのだが、それがなかなか意地悪いほど辛辣をきわめ、誘導訊問やらで、うっかり暢気な気持でちょっと不用意な言を吐きでもすると、とんだところにおしこめられ、陥穽《かんせい》に陥れられるので、夏の暑い午後など警部補はときには訊問中居眠りすることがあるが、こちらは始終緊張しきっておらねばならず、半日の調べが終わって房に帰るとぐったりすることが度々だが、そこでまた気持を崩さずにおらねばならぬ。（中略）はじめから罪に陥らそうと計画してかかったことだけに、陥らさねばやまぬよう仕組まれていることが感ぜられた。法文に照らして団体全体を悪いものとしての企て故、東京の幹部の調書を地方に回送して、地方の被告も同様の調書をつくるようされた。キリスト教全体が悪いというのではない、君らの団体が悪いのだからだとよくいわれるが、私の受けたような調べで調べられたら、正直なキリスト信者なら、どんな信者でも引っかかるに相違ない。日本には天照大神以上の神があってはならぬ。造物主などというのは西洋の神だ、天皇陛下は神様だ、キリストが世を支配するの、審くのだというのはなにごとだ、それでは日本の天皇はどうなるのだ、という前提のもとに調べられるのだから、キリスト教の教理を奉じ、これを大胆に語る者なら罪に落ちるのは当然のことである。……

はじめから罪に陥らそうとの意図のもとに、不案内なはじめての者を誘導訊問や威嚇訊問をして、あらかじめもうけた枠に無理に押し込むようにしてできた調書が私のは八百枚にものぼる大冊のものになった。検事はこの検察官の調書に従ってただそれを要約して権威づけるだけであり、予審においてもそれが土台になって辻褄を合わせるようにされ、不案内な者はなにがなんだか要領をえないうちに調書をつくられてしまう。私ははじめてこんなことを経験し〝世の裁判は間違いがありうるだろう。やはり神の審判が是非なければならぬ〟と思わざるをえなかった。

（『現代に生きる宗教者の証言』）

宗教統制と仏教教団

仏教教団にたいするファッショ権力の圧力はそれだけではなかった。宗教団体法によって、各教団の合同問題がもち上がってきた。昭和十五年（一九四〇）の大政翼賛会の結成にともなって、いわゆる新体制運動がすすめられ、政党や労働組合、農民組合をはじめ、あらゆる団体の解散や合同が強力に行なわれつつあった。宗教団体についても、すでに翼賛会の有馬頼寧事務総長が「統合強化」の方針を述べていたが、特殊性があるから拙速をとらないものと考えられていた。ところが昭和十五年（一九四〇）ごろから宗教教団の合同が強くすすめられるようになった。この推進力は軍部で、内務省の『社会運動ノ状況』（一九四〇）によれば、同年夏以来軍部が直接に宗教団体代表者と会見し、大同団結をうながしたと記している。ついで九月、文部省は神・仏・基の代表を招集し、「現下の時局に即応する宗教家の活動方策いかん」を問い、各教宗派の合同を希望した。またとくに仏教各宗派の代表懇談会をひらき、「一宗祖一派」の建前で合同を希望し、宗教団体法による単独認可は当分保留するという方針をしめした。（『日本仏教史』第三巻参照）

仏教界について、主な宗派の動向を記すとつぎのようである。

単称天台宗では、天台宗新体制準備委員会があり、天台宗護国会を結成し、一、伝教大師鎮護国家の精神を体し、宗徒の職分を通して大政翼賛の奉公を全うせんことを期す、二、宗門総力を発揮するため新宗門体制の確立を期す、という綱領案を定めた。

真言宗の古義派、智山派、豊山派の有志は、「真言宗各派は速に合同し、宗祖法燈の下に単一宗派たらんことを期す。右実現の為に、各派より委員を選出し、之が促進を計ること」を決議した。

浄土宗では、多年の懸案であった本末関係の一元化をはかり、一宗統制の強化を期そうとした。禅宗においては、臨済宗に合同問題が起こった。（比尾根安定著『宗教史』参照）

しかしながら、とくに真宗十派では、各派とも合同には強く反対し、結局はまったく従来のまま押し通した。

真宗教団が合同問題において容易にうごかなかったのは、教団下部の大衆のなかに、さまざまな抵抗があったからであるといわれている。藤谷俊雄が指摘しているように、昭和十二年（一九三七）、日中戦争がはじまったころ、岐阜県下の真宗大谷派の一住職は、法要の席でこの戦争は侵略戦争だとし、「徒らに彼我の生命を奪い、莫大な予算を費い、人馬の命を奪うことは大乗的立場から見ても宜しくない。戦争は最大な罪悪だ」と話し、陸軍刑法違反で起訴され、また島根県下でも講演会や座談会の席上で、神社参拝や祈願や、千人針などを迷信であると説いて処罰された真宗の住職があった。また、さきの西本願寺の聖教改訂問題にさいしては、反梅原派の住職たちは、当局の処置は軍部や官僚の圧力に迎合するものだとして、宗祖の法灯に殉じて当局の措置を排撃せよと強力な反対運動を公然と展開しているのである。（『日本仏教史』第三巻、参照）

日蓮宗の各派でも、また、合同論が生じたことはいうまでもない。勝劣八派のなかで最も有力であった本門法華宗では、「『日蓮は何れの宗の元祖に非ず、又末葉にあらず』の聖訓に基き、従来の対立的派別優劣根性を一掃し、協議は各派互譲平等の立場に於てすべて数によらず、和の精神を以て分派立宗の趣旨を発展的に解消し、宗祖門下の一元に還帰する事」などという決議を行なっている。

しかしながら、ながい歴史的背景をもった各宗派の合同そのものが、根本的に無理な強制であったうえ、直接に現実の問題として合同宗派の管長選出問題と宗派財産の処分問題に関して各宗派の意見が対立し、合同はたいへん難航した。そして宗教団体法にもとづく認可申請の期限である昭和十六年（一九四一）三月三十一日のまぎわまでもめつづけ、天台宗三派・真言宗八派・浄土宗西山三派・臨済宗十三派（国泰寺派を除く）・日蓮宗三派・法華宗三派・本化正宗（不受不施）二派が合同して、十三宗二十八派（旧五十六派）となった。

日蓮正宗にたいしても、日蓮宗と合同することをもとめる力がつよくなった。宗内では、布教監で『世界之日蓮』の主筆だった小笠原慈聞が、「神本仏迹論」を主張して正宗教団幹部の退陣を迫り、水魚会を作って正宗を日蓮宗に合併させる運動をはじめていた。「神本仏迹論」とは、鎌倉時代の本地垂迹説――日本の神の本地（本来の存在）は仏とする説――の逆をいくもので、神こそ本来の存在なのだという主張である。

日蓮正宗総本山の大石寺では、僧俗護法会議がひらかれ、牧口は、その席上、教義上の立場を厳格に守ることを主張して、合同に強く反対した。結局日蓮正宗は、合併せず、昭和十八年四月になって、ようやく単独で宗制の認可を得ることができた。

しかし、日蓮正宗では、創価教育学会の神祇不拝の主張や戦局を勝利に導くための国家諫暁の動きに、弾圧の危険を感じ、会員の大石寺参詣を禁止した。

このころ、牧口とおなじく三谷素啓の折伏で日蓮正宗に入信した藤本秀之助の弾正会（千葉県市川市）も、板本尊を全国民が信仰しないから戦争には勝てないと説いて、弾圧をうけ、藤本は獄死した。創価教育学会の座談会にも昭和十八年一月ごろから特別高等警察（いわゆる特高）の刑事が現われ、集会はしばしば禁止された。

昭和十七年（一九四二）五月には、機関紙『価値創造』も第九号で、当局の指示により廃刊しなければならなかった。

牧口は「廃刊の辞」で、「大善生活を、仏教の極意、法華経の肝心の信仰によって、実証するので、国策にかなうことを信ずるのであるが、廃刊になるのは、不認識の評価によるか」と不満を述べている。

さらに追打ちをかけるように「神札問題」が起こった、学校や家庭、職場にも神棚を設けて、神札、すなわち大神宮のお札（大麻《たいま》）を祀って拝むように、政府は強制したのである。創価教育学会は、問題を個人の幸福にしぼってきたが、宗教統制もここまでくると、たとえば生長の家のように神国日本と天皇崇拝を積極的に宣伝するものでないと、存在を許されないようになってきた。しかし正宗の信者としては、日本は邪教を尊重しているから神はどこかへ去った、このままでは滅びる、といわなければならないところである。戦争の犠牲はすでにあまりにも重く、国民の不満と不安が高まってくるなかで、会員のあいだに政治への批判がちらつきはじめた、ある教師は『国体の本義』批判を教頭に吹きかけてクビになった。ある教師はお札を焼き捨てた。

昭和十八年の六月末に、牧口や戸田などの幹部は本山に呼びつけられて、法主や教団幹部から、ともかくもお札を受けるように勧告されたが、牧口はきっぱりと断わった。

法　難——牧口常三郎の獄死

創価教育学会への弾圧は、もはや時間の問題だった。すでに同年（昭和十八年）四月に、幹部の本間直四郎が、砂糖の闇取引を理由に山梨県で検挙され、北村宇之松も経済統制令違反で逮捕されていた。

六月五日、中野区のクリーニング商陣野忠夫が、近所の人を折伏しようとして、その人の子どもが死んだのを罰だときめつけた。怒ったその人が警察に訴えたので、特高が陣野と理事の有村勝次を逮捕し、淀橋警察署に拘留した。牧口、戸田らが本山で最後の勧告を受ける三週間ほど前のことである。はげしい取調べで創価教育学会弾圧の「罪状」をつくりあげた当局は、七月六日伊豆下田に折伏旅行中の牧口を逮捕し、同日、戸田も兜町の会社から高輪署に連行された。各幹部の家には、朝五時ごろ数名の刑事が踏み込んで本人を捕え、書類いっさいをもち出し、なかには本尊まではずして持ち去った例もあった。

幹部二十一名（東京十四、神奈川四、福岡三）の法難の模様はつぎの通りである。（『富士宗学要集』第九巻　参照）

まず、有村・陣野・本間が六月四日に、つぎに牧口常三郎・戸田城外・矢島周平・稲葉伊之助らが七月六日、つづいて七月二十日に、寺坂陽三・神尾武雄・木下鹿次・片山尊・野島辰次が逮捕され、翌昭和十九年一月には、中垣豊四郎・岩崎洋三が、二月には神奈川の美藤トサ・森田孝・堀宏・小林利重、福岡の金川末之・安川鉄次郎、三月に同じく福岡の田中国之があげられた。

治安維持法違反と神社にたいする不敬罪で起訴されたわけだが、取調べはまったくの人権無視で、幹部でゲタ屋の稲葉は、拷問からのがれようと二階から飛び降り自殺をはかったほどだった。

八月二十五日に、牧口は巣鴨拘置所に移され、山口検事の係りで本格的な取調べが始まった。しかし、治安維持法違反と不敬罪という嫌疑ではなかなか弁護士もきまらず、取調べも進まない有様だった。予審請求が東京地裁になされたのは、昭和十八年十一月二十日のことである。そのおりの検察調書のなかで、他宗を礼拝することは「謗法にして不幸の因なれば尊信すべからずと做す」というところに、不敬罪の論拠をおいて「神宮の尊厳を冒瀆する」ものだと決めつけている。当時は、太平洋戦争における緒戦の戦果が、徐々に後退し始めた時期にあたり、検察当局をはじめ政府の焦りが、手当りしだい、ヒステリックな様相をみせて、反体制的なものを抹殺する時期でもある。つぎに掲げる資料は、戦時中における宗教弾圧を如実に示す貴重なものと考えられるので、少々長いが全文を引用したい。

被告人は明治二十六年、北海道師範学校を卒業し、爾来小学校訓導、師範学校教諭、文部属、小学校長等を歴任し、昭和六年東京市立麻布新堀小学校長を退職したるものなるところ、昭和四年頃従来の教育学にあきたらず、自己創案にかかる生活の科学と称する創価学説に基き、人類をして最大の幸福を得しむる為の最良の方法を考究することこそ真の教育学なりと做して、創価教育学なる独特の学説を提唱するに至り、更にその頃日蓮正宗の研究者三谷素啓より同宗に関する法話をきくや、これを右創価教育学の学理に照合理解して痛く共鳴し、同宗の教理こそ末法時における一切衆生の帰依すべき唯一無二の正法なるのみならず、創価教育学の極致なれば、人間をして最大の幸福を得しむるには同宗に帰依せしむるの外なしと思惟し、昭和五年頃、同宗の教理に特異なる解釈を施したる教説を宣布する為、創価教育学会なるものを創設したるが、右教説たるや妙法蓮華経を以て仏法の根本宇宙の大法なりとして、弘安二年日蓮図顕に係る《ママ》中央に法本尊たる南無妙法蓮華経及び人本尊たる日蓮を顕し、その四方に十界の諸衆及び妙法の守護神を配したる人法一箇十界互具の曼荼羅を以て本尊とし、一切衆生はこの本尊を信仰礼拝し、同本尊の題目たる南無妙法蓮華経を口唱することによりてのみ成仏を遂げうべしと做す日蓮正宗本来の教理を創価教育学の見地より解釈したるものにして、日蓮正宗の法門こそ無上最大の善にして、該法門に帰依し、その信仰に精進するにおいては、最大の善因を施すこととなり、因果の理により、最大の善果を得、最も幸福なる生涯を送りうべく、爾余の神仏を信仰礼拝するは、該法門に対する冒瀆にして所謂謗法の罪を犯すこととなり、法罰として大いなる不幸を招くべしと説き、右本尊以外の神仏に対する信仰礼拝を極度に排撃し、畏くも、皇大神宮を尊信礼拝し奉ることも亦謗法にして不幸の因なれば尊信礼拝すべからずと做す、神宮の尊厳を冒瀆するものなるに拘らず、実験証明と称し、入信者が忽ち幸福を得たる反面謗法の罪を犯したる者が恐るべき不幸に陥りたる実例をあげて該教説を説明する等の手段を用い、未信者を強硬に説伏入信せしむる所謂折伏を行い、該教説の流布につとめ来りたるものにして、昭和十五年十月にいたり、同会組織の整備を企図し、約百名の信者を糾合して、これを会員とし、綱領規約を決定し、自ら会長に就任するとともに、理事長以下各役員を任命し、本部を同市神田区錦町一丁目十九番地に設けて、前記教説を流布することを目的とする結社創価教育学会の組織をとげ、爾来同会拡大の為活発なる活動をつづけ、現在会員千数百名を擁するに至れるが、その間、昭和十六年五月十五日、改正治安維持法施行後も前記目的を有する同会の会長の地位にとどまりたる上、同会の目的達成のため昭和十六年五月十五日頃より昭和十八年七月六日頃迄の間、同会

の運営ならびに活動を統轄主宰したるが

第一　㈠　昭和十六年六月一日頃より昭和十八年七月一日頃迄の間、毎月約一回前記同本部に於て、幹部会を開催し、これを主宰して同会の運営ならびに活動に関する方針を決定し

㈡　昭和十六年十一月二日頃より昭和十八年五月二日頃迄の間四回にわたり、同市神田一橋教育会館に於て、総会を開催し、その都度、講演、実験証明などの方法により、参会者数百名に対し、折伏または信仰の強化に努め

㈢　昭和十六年五月十五日頃より昭和十八年六月三十日頃迄の間、二百四十余回にわたり、同市中野区小滝町十番地陣野忠夫方に於て座談会を開催し、その都度、説話、実験証明等の方法により、参会者数名乃至数十名に対し、折伏または信仰の強化に努め

㈣　昭和十六年五月十五日頃より昭和十八年六月三十日頃迄の間、毎週一回面会日を定め、その都度、同市豊島区目白町二丁目一六六六番地自宅に於て説話、実験証明等の方法により、身上相談の為の来訪者数名乃至数十名に対し、折伏または信仰の強化に努め

㈤　昭和十六年十一月五日頃より、昭和十八年七月五日頃迄の間十回にわたり、地方支部または地方に在住する信徒の招聘に応じ、福岡県その他の地方に赴き、約十五回にわたり福岡市二日市町武蔵屋旅館その他に於て、座談会または講演会を開催し、その都度、講演、説話、実験証明等の方法により、参会者数名乃至数十名に対し、折伏または信仰の強化に努め

㈥　昭和十七年九月前記同会本部に、同会員三十数名を委員とする、退転防止委員会を設け、昭和十八年七月六日頃迄の間、全委員を七班にわかち、信仰を失い、脱会せんとする同会会員の再折伏に努めしめ、かつその間六回にわたり、同本部に報告会を開催し、委員より再折伏の実際に関する報告を徴し、爾後の方策を考究指示する等委員会の指導に任じ

第二　昭和九年頃より昭和十八年七月六日頃迄の間、東京市内その他に於て、同市王子区神谷町三丁目三六四番岩本他見雄外約五百名を折伏入信せしむるに当り、その都度、謗法の罪をまぬがれんが為には、皇大神宮の大麻を始め、家庭に奉祀する一切の神符を廃棄する要ある旨強設指導し、同人等をして何れも皇大神宮の大麻を焼却するに至らしめ、以て神宮の尊厳を冒瀆し奉る所為をなしたる等、諸般の活動をなし、以て神宮の尊厳を冒瀆すべき事項を流布することを目的とする前記結社の指導者たる任務に従事したるとともに神宮に対し不敬の行為をなしたるものなり。

（池田諭『牧口常三郎』より、傍点引用者）

牧口は、巣鴨の拘置所の三畳の独房で一年あまり、昭和十九年の十一月に栄養失調で獄死するまで、ほとんど読書と勤行で毎日をすごした。

いちばん心にかかったのは戦地にいる息子（三男）洋三のことで、機会さえあればその嫁の貞子にあてて手紙を書いた。

牧口は、大正十三年に二男善治を二十三歳で失い、昭和三年、四年と続けて、四男長志、長男民城をそれぞれ、十九歳、三十一歳で病死させている。さらに、四女きみも昭和七年に十四歳で

病死している。男でたったひとり残った三男洋三の戦死のしらせがとどいた。

十月十三日附

十月五日付洋三戦死の御文、一日に（羽織袷、たび、〈註三字不明〉ひもの差入れと共に）拝見びっくりしたよ。がっかりもしたよ。それよりも、御前だち二人はどんなにかと案じたが、共に立派の覚悟であんどして居る。貞子よ御前がしっかりして居てくれるので誠にたのもしいよ。実の子よりは可愛いことがしみじみ感ぜられる。非常に賢い洋子を立派にそだて上げて、吾等に孝行して呉れること、二人共老後の唯一つの慰安とする。

手紙は牧口家の永久の記念にのこる頼むぞよ。

就ては此際故、近親だけに通知して呉れ。北海道の叔母だけは忘れるな。信仰上の障りがあったろう後でわかろう。

病死にあらず、君国のための戦死だけ名誉とあきらめること。唯だ冥福を祈る、信仰が一ばん大切ですよ。二人共。

私も元気です。カントの哲学を精読して居る。百年前及び其後の学者共が、望んで手を着けない『価値論』を私が著はし、而かも上は法華経の信仰に結びつけ、下、数千人に実証したのを見て自分ながら驚いて居る、これ故三障四魔が紛起するのは当然で経文通りです。

洋三の戦死のしらせを聞いてから、急に元気をなくしはじめた牧口は、貞子あてのこの手紙が絶筆となって、三十八日目の十一月十八日、七十三年にわたる苦闘の一生を終わった。

牧口は亡くなる前日の朝、身体の調子が悪いから病室に移してほしいと看守に申し出たが、その時すでに死を覚悟していたのか、洗いたての下着にすっかり着替えていた。そして、嫁貞子が「チチキトク、スグコイ」の電報を受け取って拘置所に駆けつけたときには、ただコンコンと眠りつづけているだけで、ついに一言もかわすことなく翌朝の午前六時すぎに、息をひきとった。

かれの枕の下には、貞子から寄せられた一年四ヵ月の手紙がその心をあらわすように、日付順に重ねられていたという。

（池田、前出書参照）

獄中での回心

牧口、戸田、矢島をのぞく、他の検挙された幹部たちは、やがて転向を表明し、一年あまりの拘留ののち、釈放されていった。

戦争の激化とともに、留置場生活も悲惨をきわめたが、残された留守家族も、企業整備、疎開、インフレ、統制配給、応召、勤労動員等々とあわただしい動きのなかに、いよいよ生活難に陥り、あるいは世の白眼視に耐えかねて退転する者が多かった。

戸田には転向ということは、およそ考えられなかった。ただ、老齢の牧口のことや、自分の経営する十七の会社の運営については、しきりに気をもんだ。九州の大日本炭鉱と、大阪の油脂工業を買いとることになっていただけに、無念でもあった。

昭和十八年九月ごろと推定される獄中からの社員あての戸田の書簡では、社員の身を心配しながら激励している。

勇気を出して残留社員はがんばりください。私が皆を慰めなくてはならぬのに心配を掛けて申しわけない。信仰第一主義に正しく強く時局下の日本人として生きてください。私もこの信念で精神練っている。いかなる時が来ようと、君等の留守中の出来事の結果について、よかれあしかれ責任を負うから安心してやってほしい。

（『若き日の手記・獄中記』）

戸田は小説『人間革命』で警察での取調べの模様をつぎのようにえがいている。脚色はあるだろうが、戸田の一面をよくしめしている。

巌（戸田―引用者注）さんは小竹刑事の顔をみるといつでも、「おい、おはぎの差入れをさいそくしてくれよ。そのかわり調書などはきみの好きなように書いていいからな。どうせきみはぼくの言ったとおり書きはしないんだから」

小竹刑事はニヤニヤして、

「頼んでやるよ、差入れするように言ってあるんだが、なかなかうるさいからぼくも困る事は困るんだがね」

「きみが困るよりも、罪なくしてモッソウ飯を食う身の上も考え給え。哀れなのはこの子でございという所だよ」

といって差入れのたばこをすぱすぱと吸っているのであった。これが何よりの楽しみといえようか。小竹刑事がお手盛りの調書を一人で綴り方している間、窓の外の青空を一人で眺めて恩師を思い、同志の事を考え、やりっぱなしにして来た事業はいかにと千々に心を砕くのであった。


その戸田も、昭和二十年一月になって、「牧口は死んだよ」と刑事に知らされたときは、一晩中、独房で泣き明かしたという。牧口が、巣鴨に移されたときが、戸田にとっては、最後の対面だった。

「先生、おからだをたいせつに」といったきり、戸田は、一言もいうことはできず、子供のように泣きじゃくったという。

戸田の獄中からの手紙は、師の牧口を失い、多くの同志が信仰を捨てていったなかで、ひたすら、題目にすがる姿をよく示している。


（『若き日の手記・獄中記』より）

一、生活のこと心配して居る。会社へ愈々の時は御父さんから相談して貰いなさい。最後には判事さんに御願いして私の所へ来なさい。心配かけまいなぞと思いなさるな。私には充分の考えがある、安心して居なさい。

二、決して諸天、仏、神の加護のあると云うことを疑ってはなりませぬ。絶対に加護が有ります。現世が安穏でないと嘆いてはなりませぬ、真の平和は清浄の信仰から生じます。必ず大安穏の時が参ります。信心第一、殊に喬久の為には信仰する様、御両親共信心は捨てませぬ様。

三、堀米先生に。去年、堀米先生を「そしった」罰をつくづく懺悔しておると話して下さい。「法の師をそしり」罪を懺悔しつつ、「永劫の過去を現身に見る」と言っておりますと。

四、御父様に「商手の仕事」は私が帰ると国家的事業の一役として、大事な事業になりますから決して廃業なぞせぬ様、私の帰る迄持ちこたえ願いますと。

五、此の手紙の着く頃からの宅下げの着物は秋のものと願います。こちらは一段と寒いと思って下さい。

六、雑費用の金の差入れ残金の有無がわからぬので一寸困っています。五月の差入金は使ってしまってそれより以上五拾円位になって居ると思います。此の手紙着次第「弁当券」十枚差入れ願います、十枚以上はいりませぬ。雑巾二枚入った内、一枚がぼろぼろになり、二枚目使用中、差入が許されたらどうか差入をたのむ、御部屋は御かげで大変清潔です安心して下さい。

七、差入の本御苦労様、身体が元気になって来たのでどんな本でも読めます、どうか何本でも本なら手当り次第心配せず入れて下さい。料理の本でも哲学でも、化学、物理、植物、高級低級かまいませぬ。特に読みたいと思うのは「キリスト教」「カント哲学」「西洋史」「浄土宗関係の経文」「中等程度物理化学」。
皆貴女の御かげと有難く思って居る、心配をかけた「心臓」「気関支」「喘息」「糖尿病」皆全快今の所「リュウマチ」が九分まで、悪いのは「目」と「痔瘻」と元気がやっと「八分通り」の回復と云う丈です。リュウマチは絶対になおします。但し「目」と「痔」は精神と滋養剤でなおるものか、一、二ヵ月見て下さい。修養と云うものは毎日毎日の努力です。（カルシュウムの薬は是非たのむ）
八、差入の滋養剤は全部「血」と「肉」と「骨」とになります。どうかB剤を今一ふんばり頼みます。
戦時むきの「体力」と「偉大な努力」と修養で、「健全な一大精神の完成」に邁進。
（昭和十九年九月六日、妻あて）

御父様御母様永いことの御心労、行き届いた御世話、只々感謝で御座います。どうか強く生きて居て下さい。不孝の罪はどんなにしても御返し致したいです。今どんなに苦しくても貧しくても私の生きて居る限り「富める者」との自信を失はずに下さい。私は貴郎方の養子ではもう有りませぬ「実子」ですぞ。毎日私は「国恩」に「御世話になった方々に」御恩を報いんと一心に、「精神修養」に邁進して居ります。「健全なる精神は健全なる身体を作る」と云う悟りの本に、「肺患」も「喘息」も「心臓病」も「リュウマチ」も根本的に「治す」努力して居ります、非常に丈夫になりました。精神修養を肇めてから一時は「生きる」力もなくなった私が「めきめき」丈夫になり「強くたくましく」「清浄に」「安心しきって」生きる工夫中です。一つには幾子の努力である滋養剤の多量摂取も「力」あります。厚く幾子に礼を云って下さい。心で泣いて飲んで居ると、宅下げの「フトン」大変汚れましたが室はきれいなのですから安心して下さい。

1　散紙十月一杯迄あります、石けんは一昨日新しく入りました有り難う。大事に大事に年内使うつもりです。

2　五月の差入れの金使ってしまいましたがまだ預けたのがありましょうか、御取調べ願います。

3　目ガネがいよいよこわれました、右一度弱く左一度強くが旨くいかなかったら古いのを入れて下さい。「古いのでも玉の大きい方」

4　ネオスAは小ビンが一週間大ビンが二週間有ります、あまらぬ様足りなくならぬ様工夫して後は、ジミーエビオスを今の様にたのみます。大変丈夫になります、ビタミンも「ワカフラビン」も大変よくききます、今の所沢山欲しいですが、精神修養が今一歩飛躍したら「与えられた食生活」で病体を健康体に出来ると確信致します、戦時下そうでなくてはと努力しますが「ビタミン」の不足丈はどうかと思って居ます、前便糖衣ビタミンの件先方さんに前の六個分代金の未払いあります、気掛りです大至急払って下さい、昔の借りを思いだしたと。信心第一に暮して下さい、科学の平易なものがあったらたのみます、栄養学のも。

（昭和十九年八月十一日、岳父松尾清一あて）

牧口の死を知ってから、しばらくは気も弱くなり、身体の衰弱もはなはだしくなった。

（前略）毎度ですみませぬがお金を百円調達して両全会へ廿円私の所へ八十円差入れて下さい、又々今月初め来なくなって非常に不自由して居ります、至急願います。急に衰弱が加わって参りました。滋養剤が手に入りませんか。牧口先生の所が恋しい様な気持に襲われ勝ちです。せめて「差入弁当」と当所の滋養剤を購入したいと思います。元気になるか知らんと思ってどうか両全会と差入金急いで下さい。（後略）

（昭和二十年三月二十三日、岳父あて）

空襲は日ましに猛烈になり、いつアメリカ兵が上陸してくるかわからないというさしせまった空気が、独房にいても感じられるようになった。妻子の姿が目に浮かんでくるが、とりわけ、たったひとりの子喬久への思いは募ってきた。

一の関へ疎開したと聞いた、楠正行公は十一歳で御父さんの志をついだ、お前も十だ、立派な日本人となる為に一人で旅に出る位なんでもない。強く正しく生きなさい。日本人は「神様」になれる、正行公も神様になって居る、男たる以上「神」になる決心で修養なさい。一切の修養の大本は「丈夫」になること、強い男らしい身体をもつことだ、丈夫になるのは一心に「丈夫」に俺はなると先ずきめて、さてどうするかは後は自分の工夫だ。御父さんとはまだまだ会えませぬが二人で約束したい。朝何時でも君の都合良い時、御本尊様に向って題目を百ペン唱える。その時父さんも同時刻に百ペン唱えます。これを父子《オヤコ》同盟としよう、その内に「二人の心」が無線電信の様に通うことになる。話も出来ます。御母さんも祖父さんも、お祖母さんも、入れて上げても良い。お前の考えだ、時間を知らせて下さい。

（長男喬久への手紙、昭和十九年九月六日）

戸田は獄中では、一時間半ほどの「お勤め」以外は、小説に夢中になっていた。昭和十八年の暮、官本のなかから、戸田は一冊の小説を申し込んだことがあった。ところが配達されたのは、日蓮宗聖典だった。法華経二十八品と、無量義経と観普賢経が収録されたものである。創価教育学会の理事長であったといっても、戸田は、およそ、教義の理論的な面にはまったく関心がなかったのだから、この日蓮宗聖典には、まったく困ってしまった。

そこで、日蓮宗聖典は、読もうとはせずに机の片隅に飾って、もっぱら差し入れの小説を読むことに決めた。そして、正月用の小説本の注文を雑役夫に頼んだのである。

『人間革命』では、ここのところをつぎのように描いている。

小説に読みふけっているうちに年の暮れが来て、三十日の午後になった。鉄の扉ががたんと開いて今では大の仲良しになっている雑役夫が顔を出した。

「おい正月に読む本を決めろといわれてきた、何がいいんだ」

「ちっとも僕のいう本を入れないんじゃないか、しっかりして、こんどはきっとおれのいう本を入れるんだぞ」

「ぐずぐずいうなよ、きっといいのを入れてやるよ。そら目録だ」

巌さんは目録を受け取って小説の部を出しておもしろそうなのを一冊えらんだ。そして附け加えていうには、

「きっとこれを入れろよ、まちがったら承知しないぞ」

「大丈夫だっていうのに。前に入れてあった本を返せ」

「ああそうか」

巌さんは立ち上がって机の上から日蓮宗聖典を取り出して雑役夫に渡した。

「こういう堅いものは頭が痛くなるということを君は知らんのだね。三畳間暮らしして、頭をいたくするのは僕の性分に合わないんだよ」

雑役夫は本とか文学とかいうものとはぜったいに縁遠い男であった。日蓮宗聖典の表紙を見ようともせず、ぽんと箱の中へほうりこんでドアを閉めて隣の部屋へと出掛けて行った。

明けて三十一日の午後も、夕食に近いという頃に雑役夫は戸をばたんと開いた。

「おい正月に読む本だ」

一冊の本をほうり出してまた戸を閉めて行ってしまった。年の暮れともなればこんな所でもあわただしいものらしい。巌さんは立ち上がってその本をつかんではっとした。

本をつかむなりどっかり入口にあぐらをかいて本を抱いたまま深い黙想に入った。その本はきのうあれほど念を押して返した日蓮宗聖典ではないか、……

いささかユーモラスな、法華経との出会いというべきものだった。戸田は、そこで、日蓮宗聖典を開いてみた。だが、法華経の序品から白文で印刷され、返り点も仮名もふってない経文は、戸田が大学予科で学んだ漢文の力では、読解には骨がおれた。

しかし、この偶然の「出会い」を、深い暗示と受けとった戸田は、この法華経に全力をあげてとりくんだ。

そして、無量義経によって、生命とは何かという長年の疑問をついに解決することができ、さらに「従地湧出品第十五」まで読みすすんで、戸田は、はじめて法華経の真理を体得したという確信をもった。

こうして、法華経と唱題によって宗教的体験を得た戸田は、はじめて日蓮正宗の信仰に確信をもつことができたのである。

敗戦直前の昭和二十年（一九四五）、懲役三年執行猶予五年の判決をうけた戸田は、同年七月三日、やせ衰えたからだで豊多摩刑務所を保釈出所した。

東京は焼野原となっており、戸田の事業はほとんど解体し、二百数十万円の借財をかかえていた。一日の休養をとるいとまもなく、戸田は、ただちに仕事にとりかからねばならなかった。

三　創価学会の旗あげ

出獄

二年の獄中生活を送り、敗戦直前の昭和二十年七月三日、戸田は保釈となって豊多摩拘置所を出所した。

太平洋戦争は、いよいよ最終段階をむかえ、このころ、全国各地の都市は、マリアナ米軍基地のB29を主力に、沖縄基地のB24、硫黄島からのP51などが加わった米軍機の焼夷弾攻撃によって、破壊されつつあった。

このため三百万戸の住宅が焼かれ、六十万をこえる死傷者、一千万の罹災者を出した。焼け出された国民は、もはや自分や家族の生活を維持することに精一杯であり、政府の命令を聞く余裕はなくなった。罹災者の輸送で交通は混乱におちいり、徴用者も無断で工場を去ってしまい、住所が不明になって宙に迷う召集令状もあらわれた。

三月九日のB29による大空襲以来、東京都内は、大部分の市街地は焼失していた。さいわい焼け残った港区の白金台町の自宅に落ち着いた戸田は、妻や妻の両親、実姉の家族などに迎えられて、二年ぶりの心やすらいだ一夜を明かした。

戸田の拘留中にかれの事業のほとんどはいきづまっていた。企業整備による解散、社員の徴兵、会社の建物の戦災による焼失、そしてなにより戦争経済のいきづまりによる経済状況の破綻によって、すべての会社はまったく破産的状態になっていた。当時の金額で負債額は二百数十万円にのぼったという。

戸田は、七月の酷暑のもとで事業の再建に腐心した。しかし、資金も原料ももたない彼にとって、それはたいへん困難な出発であったというべきであろう。かれが着目したのは通信教授であった。これは、多年の戸田の受験教育の経験から生まれた知恵というべきもので、これならわずかの紙の確保と印刷の問題さえ解決すれば、すぐにでも着手できる事業であった。このころ、戸田は、政友会の黒幕といわれた古島一雄を訪ねて戦争の終結の時期をたずねたそうである。

八月十五日。日本はポツダム宣言を受諾して無条件降伏した。経済学者の河上肇は「あなうれし　とにもかくにも生きのびて　戦やめるけふの日にあふ」（八月十五日作）とうたったが、日本の降伏を解放と感じとったのは、意識的に戦争に抵抗し、敗戦の到来を見とおすことのできた少数の人びとのみであった。大多数の国民は外国軍隊による占領に不安をいだき、また「突然私達には手もとどかぬような高い所から『戦争は終った。戦争は負けたのだ』という事が降ってきた」と感じ、「ある相当の時間を経て、はじめて霧の晴れるような感じ」でしか、平和の喜びを感ずることができなかった（「私の八月十五日」『世界』一九五五年八月号より）。

国民の多くが、大きな衝撃をうけていたなかで、戸田は、目先きのきくすばやい街の事業家らしく、敗戦の痛手というものはまったく感じなかった。

八月二十三日、アメリカ占領軍の第一陣が、神奈川県の厚木飛行場に進駐した日の「朝日新聞」の一面の左下隅に、一つの広告が載った。

「日本正学館」――戸田の再建第一歩の名称だった。その広告以外、他に広告はまったくなかったのだから、たしかに戸田の立ち上りはすばしこかったといえるだろう。

「中学一年用、二年用、三年用、数学・物象の学び方・考え方・解き方（通信教授）」と、大きな活字が並んでいた。そして、小さい活字の説明は――数学・物象の教科書の主要問題を月二回解説し、月一回の試験問題の添削をする。解説を「綴り込めば得難き参考書となる」六ヵ月完了。各学年共六ヵ月分二十五円。前納のこと。資材の関係で会員数を限定する。「内容見本規則書なし」と書かれていた。

資材不足でもあり、内容見本や規則書をつくっているひまもないほど急いでいた。「綴り込めば得難き参考書」となる――ここには、かつての「指導算術」の確信が秘められていた。

戦争末期、学校教育を犠牲にして、工場、農村に勤労動員された中学校以上の生徒は、昭和二十年はじめまでに三百万人にのぼっていた。中学生や女学生たちは、ペンや教科書をもつかわりに、ハンマーやセンバンをなれぬ手で扱わなければならなかった。そのかれらも、敗戦と同時に母校に帰ることになった。

しかし、校舎は焼かれ、用うべき教科書もなかった。日本正学館の通信教授は、かわいた砂にすいとられた水のように短時日のうちに大きな反響を生んだのは当然といえば当然であった。一日の売り上げは、やがて一万円にもなったという。

アメリカ占領軍の進駐によって、東京ではたちまち英語ブームが生まれた。駅頭では、一枚の紙に刷ったかんたんな日米会話のテキストが飛ぶように売れ、九月十五日に刊行された誠文堂新光社の『日米会話手帳』は、三百六十万部売りつくす。

戸田は、数学・物象の通信教授にさっそく、英語講座——読み方、話し方、作り方——をくわえ、九月二十五日の「朝日新聞」にその広告を載せた。

こうして、快調のスタートをきった戸田の通信教授も、やがてせまってきたインフレの高浪の前に、もろくも崩れそうになる。六ヵ月の前納金をとっていることが、かえって、マイナスに働く。騰貴する紙代と印刷費に、とうてい追いつけないからである。

戸田は、単行本の出版にもふみ切った。戦前の大衆小説の版権を持っていたから、それらのなかから選ぶことはむずかしいことではなかった。

日本正学館の事業を拡張し、本格的な出版社として軌道にのせることが、インフレーション対策にもなることである。戸田は、編集部を強固なものにするため、編集長に矢島周平をあて、編集部員に小平芳平ら数名の青年をおいた。矢島は、いうまでもなく戦時中、検挙投獄された創価教育学会二十一名の幹部の一人であり、牧口、戸田とともに非転向をつらぬいた「同志」だった。小平は、戦時中、時習学館の教師をしていた大学生であったが、昭和十八年十二月の学徒出陣で応召し、昭和二十年九月、復員すると、時習学館の焼け跡をたずね、戸田の出獄と健在を知ると、さっそくふたたびかれのもとで働くことになったのである。

当時の出版業にとって最大の隘路は、紙の入手難であった。戸田も、この難関の克服に懸命にならざるを得なかった。かれの事業家としての強さ、とりわけ投機的、勝負師的な強さの発揮される場面でもあった。自社の紙の入手に奔走するばかりでなく、同業の弱小出版社に紙を回してやることもしばしばだったという。かれの社には、いつか衛星のように大小の出版社が出入りするようになっていった。こうしたつながりが、やがてのちに戸田に金融機関を設置させるのである。

日本正学館の事務所は、目黒大崎の仮事務所から、すでに西神田の三階建ての社屋に移転していた。その西神田の事務所に、新聞広告で知った戦前の創価教育学会の会員たちが戸田を訪ねてくるようになった。そのなかでも、もっともひんぱんに出入りするようになったのは、戦前の創価教育学会の幹部であった実業家のグループだった。検挙投獄された本間直四郎、岩崎洋三、西川喜万、藤森富作らである。かれらは、戸田が出獄後、敗戦の混乱期の短期間に、急速に事業を再建しているのに目をみはり、戸田との交際を復活しはじめたようである。

戸田は、かれらと酒を飲みながら創価教育学会の再建を考えることはあった。しかし、師の牧口亡き今となっては、〝教育〟は戸旧にとっては不要だった。かれは、教育の二字をとって、創価学会の看板を西神田の事務所にかかげた。

法華経の講義

戸田は、戦前の弾圧にさいして幹部をはじめ会員が総くずれになったのは、日蓮正宗の教義に弱く、教学に暗かったためであると考えた。

ここから、戸田は、再建の第一歩をまず教学を教えることからはじめようとした。

敗戦の翌昭和二十一年の正月、総本山大石寺に初参詣した戸田は、一緒に参加した本間ら四人の仲間に、法華経の講義を行なった。戸田の法華経講義は、法華経二十八品と開結二経の講義であったが、正月以来、ひきつづいて西神田の戸田の事務所で、毎週月・水・金の三回行なわれた。仕事の終わった夕方から、事務所の二階で行なわれたこの講義は、この年の三月末までかかってひととおり終わった。

講義の終わった夜、戸田は、「修了式」と称して、四人に酒をふるまったが、一枚の巻紙に、

第一期修了者

開講　昭和二十一年一月一日

同　　　　三月

と記し、岩崎、西川、本間、藤森の四人の名前を自分で書いて、名簿をつくった。

当時、本間の所で働いていた柏原ヤスは、本間の自動車の助手席にのせてもらってよく講義を

ききにいった。柏原は、第一期の講義が終わると、戸田に頼んでつづけて第二期の講義をはじめてもらうことにした。

第二期の法華経講義は、四月からはじまって同年九月に終了した。

戸田が、創価学会の看板をふたたびかけたことを知って訪れた戦前の会員のなかで、小泉隆、原島鯉之助、辻武寿の三人は、大田区蒲田の小学校教師だったが、戦時中も、空襲下に寄り集まって、日蓮の「開目抄」などを輪読していた。戦後、家を焼け出された原島と辻は、小泉の家に寄寓していたが、三人で日蓮の遺文集（「御書」）を読みあったり、「座談会」を開いたりしていた。戸田の法華経講義を知ると、蒲田の三人組は、さっそく参加してきた。講義には日本正学館の会計主任、奥山和平、編集部の矢島、小平も加わり、結局、第二期の終了者は、柏原を加えて七名となった。

終了の日には、戸田はわざわざ鶴丸のバッジを作らせて、ひとりひとりに手渡した。創価学会のシンボルとなった鶴丸バッジは、こうして生まれた。終了を祝って、パーティーがもよおされ、席上、戸田は、ひとりひとりに歌をうたわせ、気に入ったのがでると、「おまえのはいい！もう一度うたってごらん。みんなで、いっしょにうたおう！」と、声をはりあげて合唱したという。「これが、学会の会合で歌をうたうようになった始まりである」と、柏原は回想している。

その年の五月一日。十一年ぶりに復活した第十七回メーデーには、全国で百万、東京の宮城前広場には五十万が集まった。この日、創価学会の再建後の第一回幹部会がひらかれた。

それまで、すでに座談会などをひらいて活動をはじめていた都内十ヵ所、地方五ヵ所が支部となり、戸田が理事長につき、法華経講義第一期修了者の四人が理事に任命された。本部には総務（担当・西川）、教学（原島）、財務（奥山）、企画（藤森）、情報（柏木敏）、婦人（寺坂陽三）、厚生（木下鹿次）、青少年（小平）、組織（矢島）の九部がおかれ、それぞれ役員の人事が発表された。

五月二十二日には、第二回幹部会がひらかれ、新しく理事に原島・小泉・辻の三名が任命され、支部の増設も決定された。幣原内閣の総辞職後、約一ヵ月の空白期を経て、第一次吉田内閣が成立した日であった。

六月一日、月刊機関紙の『価値創造』の再刊第一号が、謄写版刷りでＢ５版８ページで発行された。

この『価値創造』に、戸田は、「折伏の功徳」と題する論文を発表した。ここで戸田は、「妙法蓮華経随喜功徳品」をひいて、功徳論を展開している。

随喜功徳品第十八は、もし人が『法華経』を聞いて随喜し、他の人に伝え、他の人がまた随喜して次の人に伝え、こうして五十人目の人が聞いて随喜する功徳は、種々の財宝をほどこしたり、小乗の最高位（阿羅漢）に達するよりもすぐれたものであり、ましてや最初に聞いて随喜した者の功徳ははかりしれないものがあると説いたものである。

「又阿逸多、若し人是の経の為の故に僧坊に往詣して、若しは坐し若しは立ち須臾も聴受せん。是の功徳に縁って、身を転じて生まれん所には好き上妙の象馬・車乗・珍宝の輦輿《れんにょ》を得、及び天宮に乗ぜん。若し復人あって講法の処に於て坐せん。更に人の来ることあらんに勧めて坐して聴かしめ、若しは座を分って坐せしめん。是の人の功徳、身を転じて帝釈の坐処、若しは梵天王の坐処、若しは転輪聖王の所坐の処を得ん、阿逸多、若し復人あって余人に語っていわく、経あり法華と名づけたてまつる、共に往いて聴くべしと。即ち其の教を受けて乃至須臾の間も聞かん。是の人の功徳は、身を転じて陀羅尼菩薩と共に一処に生ずることを得ん。云々」

戸田は、この随喜功徳品の経文をつぎのように解釈した。

第一段は、御本尊様にむかって、妙法蓮華経と唱えたてまつるものの功徳を、仏が、地涌の千界の菩薩に堅く誓われているおことばである。

この『上妙の象馬・車乗・珍宝の輦輿』すなわち、私どもの現代語に訳せば、生活資料の豊かさということです。信心堅固の者は、また純真に信仰する者は、米でも、ミソでも、しょうゆでも、衣服でも、たまたまには、好きな者には酒なりと、十方の仏は、よろこんで運ばれるお約束である。共産党の者のように『おれらに食わせろ』などと、ムシロ旗を立てて、こじきが押借りするような餓鬼のすがたをあらわさなくとも、自然の智恵は、私どもを自然の安心境にみちびくお約束です。また『天宮に乗ぜん』とは、住むに家なく、事業に店なしとなげかれる必要はない。こんこんと沸き出る生命に唱えたてまつる題目の功力は、チャンと家を持たせてくださるお約束です。

……

第二段の『講法の座を譲る』ということは、信仰するものに親切にすることを意味します。また、妙法蓮華経を唱えたてまつるようにおすすめすることとです。転輪聖王とか、梵王とか、帝釈の坐処とかいうことは、すなわち現代語に訳せば、指導階級ということで、指導者、すなわち、課長とか、工場長とか、係長とか、社長とか、または数人の店主、会の幹部、役所の局長、または大臣とかいう人々です。

されば、過去世に妙法蓮華経の信仰者に親切にした功徳によって、いまの位置をえたのでありますまた現世において信者に親切なものは、将来において、その指導階級の位置をえることになるのです。今日、大臣になり、局長になり、会社の社長、幹部、または人の上位にあるものは、苦行した妙法の功力によることを、今の世に忘れて、大御本尊様を恋慕せぬ心を、経文には、『為治狂子故』というのです。……

また第三段は、折伏教化の功徳を約束せられたものです。この人は智慧、利根、人にすぐれ、その人の容貌、すがたは美しく、かつ、りっぱであるとともに、この世に善行あって福徳を備え、無病息災延命なのです。

かく、この経文をジッと見つめ、おがみたてまつるときに、大御本尊様出現のありがたさを、しみじみと感ずるとともに、末法濁悪の今日、金も米も施して、幾千の人にか施しえましょう。

私どもは、相手のきらい、すきにかかわらず、この妙法を受持させて、無限に沸きくる幸福を、世界万民におくろうではありませんか。これこそ、仏のおよろこびたもう『法施』とはなづけ、最大、最高の布施行であるのです。

ここには戸田の再建にあたっての宗教イデオロギーがよく表現されている。柏原ヤスは、戦前の牧口の教えと、戦後の戸田のそれとを比較して、つぎのようにいっている。

牧口先生が教えられたことは主として価値論であった。価値論によって生活のなかに小善、中善、大善の差別があることを教え、大善生活をするためには最高の宗教を信じなければならないといって大御本尊へ導かれたのである。……それに対して、戸田先生が教えられたことは、「しょせん、世の中で、たよれるものは、自分以外にない」という、敗戦後の混乱のなかで、だれでもが感じている真理であった。……牧口先生が罰論を表にされたのに対して、戸田先生は、あくまでも功徳論に重点を置かれた。……戦前は、折伏されて信心しなければ罰があたる、信心すれば罰が出る、折伏すれば罰が出る、登山すれば罰が出る、といった調子で、功徳といえば変毒為薬があるばかりであった。

戸田先生は、御本尊様は功徳聚である。御本尊を信じ、自行化他の題目に励むことによって、病人は健康体に、貧乏人は金持ちに、バカは利口になると教えられたのである。……戦後の日本においては、人々は苦しみのどん底にあえいでおり、戦前・戦時に盲信した神道に対しても、またあらゆる旧来の信仰というものに対して、深い不信におおわれていた。

頼るものは自分の力以外にないことは、だれしも認めざるを得ない、きびしい現実であった。自己の生命力を豊かにし、福運を増し、生活を裕福にすると説く仏法が受け入れられたことは理の当然であり、深い深い仏智によると拝さねばならない。

（『大白蓮華』一五二号）

それが「仏智」であったかどうかはともかくとして、戸田の折伏が、徹底した功徳論、利益論であったことは注目されてよい。

座談会はじまる

戸田が出獄後、はじめて出席した座談会は、五月五日に蒲田の鵜の木の小泉隆宅で行なわれた座談会だった。それ以後、小岩の和泉覚宅、杉並の山浦千鶴子宅、目白の牧口クマ宅、鶴見の森田悌二宅、さらに西新井、浦安などでも座談会が行なわれていた。新来者が、時折りポツリポツリと来るような状態だったが、戸田が出席した座談会では、戸田自身が座の中心となり司会者の役割もつとめた。

戸田は組織について、「組織は自然発生的に、必要にせまられてできたものでなければならない。学会の組織はそのようにしてつくられたので、そこが強味なのだ」とたえずいっていたという。したがって、当時の支部は、「拠点という色彩が強く、その附近に居住する学会員を掌握する機能体」という性格だった。その拠点地域としては、蒲田（小泉・辻・小平）、鶴見（森田）、小岩（和泉）、杉並（山浦・柏原）、目白（原島）が活発だった。各支部では月に一、二回の座談会がもたれた。

戸田は、座談会と並行して、法華経講義にも力をいれ、第二期の講義を四月からはじめたことは前に述べたが、同時に、『観心本尊鈔』や『立正安国論』などの日蓮遺文の講義もはじめた。毎週月曜と金曜が法華経、水曜が遺文講義であった。いずれも夕方五時から八時までぶっ通しの講義で、戸田にとっては、かなりきつい労働にちがいなかった。

講義が終わると、懇談にはいり、戸田は新来者の折伏や、信仰上、生活上の問題で指導を行なった。帰る時も、水道橋の駅まで十数人が戸田から離れず、冗談を交えながら帰路についたものだという。

六月二十二日、十一名の青年を集めて、青年部が結成されたが、そのうち六名は軍隊からの復員者であった。七月二十四日には、青年部討論会、七月二十七日には青年部座談会もひらかれている。

戸田は、戦前の弾圧体験から、古い会員たちに、深刻な不信と反感をいだいたまま、再建のスタートをきった。だから戸田は、自分を人生の師と仰いで法華経講義に集まってきた少数の青年たちに大きな期待をかけたのである。敗戦直後の荒廃と虚脱のなかで、既成のモラルと価値は権威をうしない、指導者たちは、青年に与えるべき指針をもたなかった。青年たちの多くは、空腹に悩みながらいちょうに家の権威に反抗し、自分の力で何かをやりたい、偽りの人生ではなく新しいほんとうのいきがいをつかみたいと必死になっていた。

戸田の講義に集まってきた青年の多くは、京浜工業地帯などで働く工場労働者、会社員、商店員であった。戸田に傾倒した青年のひとり、竜年光が、最近つぎのような随筆を書いている。

二十年前のある五月の夜のことだったと思う。……人生とは…幸福とは…社会、日本、政治…、二十代の私は、すべてに疑問を持ち、戸田先生に体当たりで疑問を解決しようとしていた。先生は、一つ一つ丁寧に答えて下さった。

私は夢中になって、先生のお話を聞いていたが、ふと、われに返って窓の外を見て、叫んだ。

「先生、大変です、電車が反対に走っています」と。

電車は、終点目黒まで行って対話に夢中の二人を乗せてそれから折り返していたのだ。あわてて降りたところが、奥沢駅で電車はもう上りも下りもなかった。さあ大変だ、もう引き返すことが出来ない。……

先生は、青くなった私を見て、笑いながら「いい月夜だ。さあ歩こう」といわれてさっさと線路づたいに目黒まで先に立って歩き出された。先生は極度の近眼だ。途中に鉄橋もある。私は、申しわけなさと心配で声も出なかった。途中何回も線路をかけおりてリンタクを探したが、ついにどこにもない。とうとう歩き通して目黒の自宅にたどりついた。

奥さんはどんなに心配になっていたのだろう。私は、顔を上げることも出来なかった。ところが先生は、しきりに「愉快だった」と連発されて、奥さんも笑い出し、私もやっと顔を上げることが出来た。その日の夕刻、あらためておわびに先生の事務所に行った。……申しわけなさをからだ一ぱいに表わして、小さくなって、下げた頭の上を、戸田先生の大きな笑い声が通り抜けた。

「竜君、昨夜の月はきれいだったな。愉快だったよ。また歩こう」と、私の全身がじーんと熱くなった。

（「日本経済新聞」昭和四十五年五月二十六日）

八月七日から十日までの四日間、戦後第一回の夏季講習会が、総本山大石寺理境坊で開かれ、二十九名が参加した。昭和十八年の弾圧以来、絶えていた大石寺での講習会の復活は、創価学会の再建がようやく軌道に乗ったことをしめした。理境坊では、御書講義、質問会、座談会、白糸の滝への遠足などが行なわれた。

ここで日蓮正宗と大石寺の由来をみてみよう。

昭和十七年版の『毎日年鑑』によれば、昭和十四年末の日蓮正宗の教勢は、寺院数七十五寺（他に約三十の説教所・教会）、住職五十二名、檀信徒約八万六千名であり、ささやかな規模の小宗派であった。

その総本山大石寺は、山号を大日蓮華山とよび、日蓮の六人の弟子の一人、日興によって、南条時光の援助で建立されたものである。日蓮の死後九年のことである。

堀日亨は『富士日興上人詳伝』で当時の大石寺の模様をつぎのように描いている。

河合の地は辺僻にして、かつ狭隘いたって晴朗ならずして、一時の仮寓に過ぎず。興上に深縁ある南条時光、あえてこれを黙過せんや。懇に上野に移住を請いしかば、ただちにこれに応じて下条なる南条家の持仏堂に入る。これすなわち弘安前後、曽宿の道場なり。後に、これを下之坊と称して大石寺末頭となす。

ここの地は、河合よりやや朗開せるも、半里をへだつる大石が原の景勝にしかず、ただちに富嶽を負い駿湾をのぞみ、一望千里曠宏たる高原にして、なお原始の処女林あり。加うるに大道あり河沢あり、四神相応の霊地なり。師徒相率いて、しばしばこの清境を賞し、大石に踞して法雨を注がる。（この石後に周辺の土を払って露出せしめ説法石と称す）

日目・日華等の徒および時光・信綱（新田）の信士一挙して大御坊の経営成る。正応三年の十月なり。

高弟にしてかつ常侍せる日目は、その正東面に蓮蔵坊を、日禅は、大坊の南隣りに少輔坊（南之坊）を、日秀・日仙・日華次第に理境坊・上蓮坊（坊北の坊、後に百貫坊）寂日坊を建てて大坊を護り、戒壇本尊その他霊宝厳守・大法弘宣の根本道場として離延山・祖法厳持の地盤ここに速に成る。爾後、大学日乗蓮仙坊（了性坊）を蓮蔵坊の北に、日尊久成坊を東面に建て、年序を経て東西表坊成立するにいたる。
興上は大石の開山として大本門寺の達成に努め、住持の壮若を激励して、有縁の地ことに甲駿に法鼓を撃たしむ。重申の諫状はこの初期にありしも、不幸にして政府の採るところとならず。

日興は、大石寺には八年たらずしかおらず、隣村の重須に本門寺を開創し、そこに移り住んだ。日蓮正宗は、この大石寺派が、明治三十三年（一九〇〇）、日蓮宗富士派として独立し、明治四十五年（一九一二）から日蓮正宗を宗名としたものである。

江戸時代には、大石寺は、幕府から富士郡上野を中心に六十七石の寺領を与えられ、独礼席につらなる小封建領主として安定した経済的基盤を得ていた。

太平洋戦争は、この小さな宗派にも大きな打撃を与えた。戦争末期に客殿を失火で焼亡したばかりでなく、全国で約二十の寺院、教会を戦災で失った。昭和二十一年二月の第一次農地改革は、大地主であった大石寺の財源を一挙にゆさぶった。

その大石寺の、在家信者の講である創価学会が、戦前から理境坊を参詣のさい使用することを許可されていたことは、先に述べた。

さらに、「本尊」を授ける「御授戒」は、東京では白蓮院、中野教会（現在の昭倫寺）、常在寺などの数寺に限られており、それが受けられる日は、各寺院の月例御講の日と定められていた。当時は、あくまでも日蓮正宗の講中としての位置に、創価学会があったことを示している。

日蓮正宗の僧侶のなかでは、堀米日淳（のち六十五世嗣法）が、創価学会に特別の関係をもっていた。はじめ中野の歓喜寮の住職をしていた堀米は、毎月第三月曜には、西神田の本部に出かけ、講義をおこなった。教材は「門徒存知事」からはじまって「五人所破抄」、「十不二門」などであった。

戸田は、堀米が講義しているあいだ、皆といっしょに椅子に腰かけて講義を聞き、堀米にいろいろ質問した。戸田は個人的にも、堀米から日蓮正宗の教学の教えを受けてもいた。

第一回総会

九月二十一日から四日間、再建後はじめての地方折伏が、栃木県那須郡の黒羽町、両郷村、および群馬県桐生市の三ヵ所で行なわれ、戸田は、原島・小泉・辻・柏原・矢島・酒井うめらを連れて参加した。戦前の会員の疎開先を探し出して、地方折伏の足がかりとしたのだった。

両郷村では、地元の会員の協力によって、講演会の開催に成功したが、それはつぎのような内容であった。

一　認識と評価　　小泉　隆
二　価値論　　辻　武寿
三　生命の浄化　　柏原ヤス

四　工場に於ける実証　　酒井うめ
五　信の確立　　　　　　原島宏治
六　私の求めてきた道　　矢島周平
七　日本に仏法無し　　　戸田城正

終わってから、座談会もひらいている。この両郷村と桐生市で、数名の入信者があり、それぞれ支部が設置された。

『価値創造』は、毎月刊行されたが、第二号で戸田は、「如来の事を行ぜよ」と題して、妙法蓮華経法師品第十をひいて、「地涌の菩薩」ということを説いている。

法師品第十は、仏の使徒（如来使）としての菩薩が強調されている章である、戸田は、〝南無妙法蓮華経〟を唱えることを、「ものはためし」にやってみるならば、「仏の境涯」をのぞみうると説いた。

法華経薬王菩薩本事品第二十三には、身を焼き、臂《ひじ》を焼いて仏に供養した菩薩の話が語られ、その功徳が賛嘆されている。焼身供養ということばもここから生まれた。

戸田は、この一節をひいて、牧口を追悼した。

先生は、法華経のために身命をなげうったお方である。法華経に命をささげた、ご難の見本である。先生の死こそ、薬王菩薩の供養でなくて、なんの供養でありましょう。先生こそ、仏に

『諸の施の中に於て最尊最上の』供養をささげた善男子なりとおほめにあずかるべき資格者である。愚人にほめらるるは智者の恥ずるところと大聖人のおことばを、つねに引用せられた先生は、ついに最上の大智者にこそほめられたのである。

薬王菩薩といえば、つぎのような歌がある。

恩師は逝きて薬王の
　供養ささげてあるものを
俺は残りてなにものを
　供上まつらん御仏に

これは、牧口の獄死を薬王菩薩の焼身供養になぞらえた戸田が、獄中でつくった歌といわれる。ついでにいえば、この七五調の歌は、「学会の歌」として、『戸田城聖全集』第四巻に収められているが、全文はつぎの通りである。

花が一夜に散る如く
おれも散りたや旗風に

どうせ一度は捨てる身の
　名こそ惜しめや男なら

男涙は見せないが
　意気と意気とがふれて泣く
あげる盃かわす目に
　通う互の血が赤い

胸にピストル向けらりょと
　退いてなろうか一歩も
男とる道唯一つ
　仰ぐ東のあかね空

（恩師は逝きて薬王の……の節あり。省略）

まずしく残るは只一つ
　清き命の華なるを

たおり捧げて身の誠
　国と友とにむくいなん
吹くや嵐の時なるか
　東亜の空のうすけむり
悪鬼はあらぶれ人嘆く
　救わでおこうか同胞を

如意の宝珠を我もてり
　これで皆んなを救おうと
俺の心が叫んだら
　恩師はニッコと微笑んだ

　この学会歌を、――ヤクザ歌調あり、艶歌調あり、軍歌調あり、旧制高校寮歌調あり、大政翼賛歌調あり、まっこう臭いくせに下世話だったりして、とくに最終節の「如意の宝珠を我もてり」としかつめらしくきて、たちまち「これで皆んなを救おうと／俺の心が叫んだら」と幼稚極まる文句に転ずるあたり、まさに天馬空を行くがごとき表現のゴッタ煮であり、聞いているこちらもゲッと一声叫んで空中へ飛び上がりたくなるのだが、これはI・D（池田大作のこと）とその一党のすべての教義・方法論・性格を一身に具現している珍重すべき歌謡曲だと拝察される——とさとうせいこうは、その著『池田大作を裁く』のなかで、しんらつに評している。

十一月十七日、東京・神田の教育会館で、牧口常三郎の三回忌法要が行なわれた。戸田は、教育会館講堂の壇上正面の中央に飾られた、牧口の遺影に向かって、「広宣流布」を誓った。法要には、日蓮正宗から堀日亨、堀米泰栄（日淳）、細井日達らを迎え、堀日亨が導師となった。

法要のあと、同じ会場で「創価学会第一回総会」がひらかれた。昭和十七年の春季総会以来、四年半たって復活した総会であった。経過報告、会計報告が行なわれ、十五人の信者の「体験発表」があった。

戸田は、ここで「罰と利益」と題する講演を行なった。

妙法蓮華経とは、宇宙一切の森羅万象を包含する一大活動であり、人生の最高法則である。この生活のなかにおこる罰と利益は、小神や邪神、邪仏を生活内容としておこる利益、罰とは、はなはだおもむきを異にする。妙法蓮華経の信仰生活には、いうにいわれぬ、すごい偉大な利益がある。思いもよらぬ幸福がおこる。不信の徒には、またまた身の毛のよだつ罰があるべきである。このことは、法華経二十八品のなかに詳細に述べられ、日蓮大聖人様の御書には、枚挙にいとまなきほどの数多きご教訓がある。

われらが恩師牧口先生は、法のため、人のため、世のために、法難にあわれ、三世の諸仏の称嘆したもうところである。いま、この人を悪口するものは、妙法に悪口するもので、その大罰は恐るべく、その人やあわれむべきである。

わが学会を悪口するものは、妙法使徒の集団を悪口するもので、現罰なくしてなんとしよう。人々よ、よくこれらの人々の今後の生活を見たまえ。また、妙法を純真に信仰するものの受ける、不可思議の一大功徳も、また、刮目して、みな見るべきである。（『戸田城聖先生論文集』）

十月からは、法華経講義の第三期がはじまっていた。この年の暮れに発行された『価値創造』第七号は、当時の模様を「戦災によってまたは疎開等の事情で、昔の会員の消息を知ることを得ず、連絡もつかない。……しかしながら青年部、婦人部などの熱心な活動によって現在二百名からの教会員の名をきいている」と記している。こうして、昭和二十一年は過ぎた。

十界論を説く

昭和二十二年一月、戸田は伊豆の下田町に折伏に出かけた。柏原・和泉・矢島・増田・小松らが一緒に参加した。その前年秋の群馬・栃木地方の折伏についで第二回目の地方折伏だった。

この下田町での折伏のとき、戸田の小説『人間革命』のなかで、古着屋の〝おとらばあさん〟

のモデルとして登場する、ひとりの老婦人が参加していた。この老婦人は昭和十六年に、創価教育学会の座談会――当時、「大善生活実験証明座談会」といった――で折伏をうけたことがあった。この座談会で、彼女は柏原に「帰りは気をつけて行きなさい!」と罰論でおどされたので、座談会の帰途に交通事故にあって、罰だといおれるのがシャクだからといって、その日は電車に乗らないで歩いて帰ったというエピソードの持ち主である。

〝交通事故に気をつけろ〟という、罰を「予言」するおどし文句は、創価学会員にとっては、折伏のさいの常套語にすぎないものであるかもしれない。だが、この文句が、つぎのような場面で使用されるならば、それはあきらかに脅迫的言辞に転化する。

綿秡参考人……藤原行正さん、それから秋谷栄之助さん（いずれも創価学会の幹部―引用者注）と私ども皆川編集長と四人で、出版時期をずらせという先ほどの五点の点で注文があったときに、それば相ならぬというときに、「交通事故に気をつけろよ」と、それから、「幹部はよくわかっているんだけど、学会員が言うことを聞かないんだ、それをなだめるのがたいへんなんだ」というような、脅迫じみたような話がございました。……

（『私は証言する! 出版妨害問題真相究明国会議員集会の全記録』より）

この伊豆下田の座談会で、戸田ははじめて十界論を説いた。

十界というのは、十法界ともいい、迷いと悟りの世界を、地獄から仏界にいたる十種のカテゴリーに分けて説いたものである。これをはっきり説明した経典があるわけではないが、天台宗では、古くから法華経の一切成仏の思想にのっとり、十界の各々がまた十界を有する（これを十界互具という）と説いてきた。

さて、戸田の説いた十界論を、昭和二十七年にかれの著わした『日蓮大聖人御書十大部講義第一巻、立正安国論』のなかから抜き書きしてみよう。

一　地獄……我々が日常生活に於て、子供に死なれる借金に悩む等の煩悶懊悩する苦しみを心に感じ肉体及び生活に現れる事

二　餓鬼……必要な物質の補給が不足した時に現れる状態で、……時間に追われたり物を欲しがったりして満足を知らない事

三　畜生……目先きの事にとらわれて根本を忘れる愚かな状態、強い者を恐れ弱い者を蔑る犬猫同様の生命に支配される事

四　修羅……心が曲っているために素直に物事を考える事が出来ず、正しい事を云われてもすぐカッとなり腹立ちの状態に満ち満ちている時

五　人界……親兄弟友人等を人並に思いやり懐しがったり心配したりする平らかな生命の状態

六　天界……欲しいと思っていた物が手に入った時とか自分の思い通りに事が運んだとか等何れも願がかなった時に有頂天に喜ぶ状態

七　声聞……ある理論をつかみ理解が出来てくる時に喜びを感じその思想によって人生観と

する状態

八　縁覚……畑を耕したり花を活けたり大工仕事針仕事をしたり体を動かすことによってそこに何とも云えない苦しみを忘れた三昧境とも云うべき状態

九　菩薩……我々が自分の徳性を発揮して社会の為に尽す働きを心や肉体に表した時

十　仏……仏の生命とは永遠の生命の内に安住する事……何度此の世の中に生まれて来ても絶えず幸福な境遇に生まれてきて貧乏とか病気とかの苦悩に悩む事のなき永遠の生命

こうした「十界論」が、『折伏教典』（初版本）のいうように「世界の哲学の内十界論程生命をよくみつめたものはない」か、どうかはともかく、『折伏教典』（初版本）では、おなじ人間の中にもこの十界がそなわっている、として、つぎのように説明しているのは、創価学会の人間像をしめすものとして、興味深い。

地獄界―不具者、病者、狂人、ルンペン、邪宗教の坊主及び信者。

餓鬼界―下級労働者、衣服住居等まではとても手が廻らず毎日毎日の生活が食を得る為に働いて居るという様な人々。アルコール中毒になって酒が無ければ生きて行かれぬといった人間、金をもうける為には手段を選ばぬという拝金主義者、其他何んでも目についたものが欲しくてならぬという様な性格異常者。

畜生界―パンパン、不良、泥棒、スリ、其他犯罪者。自分より強い者には絶対に従順で自分より弱い者にはいばるという人格の低級な人間。

修羅界―競輪競馬バクチ等を事として居る人間。兵隊、警官、拳闘家、将棋、碁を職業とする人の様に常に人と争う人間。
人間界―普通平凡に生活して居る市井人。
天　界―大金持、元の皇族、貴族、一国を動かして居る大政治家、経済家、偉大な軍人等々。
声聞界―学生、研究家、学者等。
縁覚界―大作曲家、音楽家、芸能上で一芸の奥義に達した者。何かの研究を完成した学者等。
菩薩界―二宮尊徳等の如く広く社会を利益した者、偉大な発明発見等に依り広く社会を利益した者（例えば電燈を作ったエヂソン、蒸汽機関を作ったワット、ノーベル賞を授与された湯川秀樹博士、支那に生れた孔子等）、さらにすぐれた菩薩界は正しい仏法を広め、衆生にすくいを与えた人々。
仏　界―日蓮大聖人（御本仏）、釈尊（迹仏）、天台（迹仏）、伝教大師（迹仏）等。

戸田はそれまで「生命論」は説いていたが、「十界論」は、この伊豆下田での座談会がはじめてであったという。「先生はいつごろ十界論をお知りになったのだろうかと思って、びっくりしたことを覚えている」と、和泉は回想記で語っている。
それからの座談会では、戸田は弟士たちに、「十界論」を話させたり、「生命論」や「身延離山史」などを話させたりして、座談会をすすめていくようになった。長野の諏訪や福岡の八女まで地方折伏が行なわれはじめたが、それでも毎月の入信者は、せいぜい十世帯から二十数世帯にとどまっていた。

このころ入信したものに、のちに参議院議員になった牛田寛（死亡）や原田立がいる。牛田は、当時の創価学会では数少ないインテリゲンチャであり、のち東北第二本部長や、学術部長の要職についた。

しかし、なんといっても、その最たるものはこの年の八月に入信した、池田大作をあげなければならないだろう。

のちに創価学会第三代会長となった池田の、入信の時の模様は、こんにち、さまざまに脚色された「物語」で伝えられている。だが、ここにあげるのは、池田自身の語ったものであり、その後に出たいくつかの「入信神話」にくらべてもっとも事実に近いものと思われる。

生れは大森のノリ屋です。三歳くらいの時蒲田に移り、それ以後東京に住んでいるわけです。小学校では栄養不良で三、四回も死にそこない、がんらい身体が非常に弱かったんです。終戦の年には六回目の肋膜をしていましたし、肛門性のもので、耳や鼻などみんな悪く、血痰がでてたんです。

終戦の反動でなにかやりたいという気持があって、学校時代の友人にさそわれて創価学会の本部へいきました。その友だちは哲学のいい話があるがこないか、とさそったのです。私は友人と二人で行ったのですが三、四十人もいたでしょうか。五時間くらいもそこで締めあげられたのです。

南無妙法蓮華経は嫌いだったので、ずいぶん反対したのですが、理論で破れて信仰しなければいけないということになってしまったのです。負けたのでシャクにさわってしかたがない。その時の感じをいえば、理論をうけとめる素地がないからわからない。それだのに相手は確信をもって話している。こちらは観念的で浮いているような感じがしたんです。

そのときの話というのはこうなんです。「これから先のこと、二十年先のことがわかるか。これから年とって、その先なんのため生きたかを考えることになるが、それならば今のうちに考えたらいいではないか。自分の宿命は自分でも知らないではないか。誰が援助しても、社会的に偉くなっても宿命だけはわからない。宿命は解決できるか、人生ひとたび死ぬではないか。苦しんで死ぬのではしかたない。この四つの全部がわかっていれば信仰の必要はない。わからなければ真面目に考えろ。信仰をしろ」というのです。

私はこれに答えられず、信仰すると答えたのです。それでお題目を唱えろということでしたが、はずかしくてしかたがなかったのです。友人は入信しないで黙っていました。それから御本尊をお下げするという話で、私は三十分間ほどいりませんとがんばったんです。すると幹部の人がなだめて、むりやり私に押しつけました。

家に帰っても三日間おがまずにほっておきました。三日目にものすごい雷が鳴って、私の上ばかりでゴロゴロ鳴って、私ばかり狙っているように思ったので、そのとき思わず南無妙法蓮華経と口をついて出ました。それは高校をでて蒲田に勤めて出張していたときのことです。

それからは、おがみはじめるとなんとなく一日安心感があって、おがまない日は仕事もなにも落着かない。それでおがむとこうなんだから信仰は大事だなあと思ったのです。それから一年は普通にやっていました。そのころはバチがこわかったのです。前の信者さんたちが牢獄へいったということが気になりました。全部の宗教に反対するから必然的に弾圧される。その時はどうしようか、寝ても覚めても考え、やめるなら今のうちがよいと考えました。

二年目に『立正安国論』の講義を聞いてから、よし、よい勉強しようと考えるようになりました。三年目の八月に戸田さんの出版に小僧から入りました。信用組合にも入っていたんですが、アパートに住んで、給与もなく乞食同然で苦しくてしかたなかったんです。

戸田のところへいったからというので、家からは勘当同然でした。十四、五人の研究会の仲間からもやられました。そこで御本尊さまにこの苦しみだけ逃れさして下さい、という願いをして御題目を六十万遍唱えることにしました。逃れなければやめようと思っていたのです。それが不思議にも百日過ぎて急によくなってきたのです。その時先生は事業を譲っていましたが、それをこしてから完全になにからなにまでよくなって、身体も、生活も、物質的にも、社会的地位も過分なまでによくなったんです。私の体験は三年だけです。信仰しなかったならば二十三くらいで死んだだろうといわれています。信仰していなかったら貧乏で、病気で死んでいたでしょう。わたしは今それから六年経っていますが、ずっと順調で申し分のない幸を得ております。

（『宗教と信仰の心理学』）

昭和二十八年ごろ、宗教学者のインタビューに答えて語った、この池田の入信体験談は、かなり率直なものとみることができる。当時池田は、青年部の参謀として折伏の第一線に立っていた。

長い幼年期から青年期にいたるまでの闘病生活は強い意志がなければ続かないし、また学校生活や社会生活における身体の弱さからくる劣等意識は、常になにかを求めてやまない精神的気魄を養ってきたであろう。したがって病弱が克服された場合、この気魄と意志はそのまま折伏の戦闘力に転化し、行動力に転化することは順当といわねばならない、とこの面接者は評している。

「民族復興の道」

吉田内閣成立後の昭和二十一年後半にはいって、国内の経済危機はいよいよ深刻になった。新円切替え後、インフレはかえってはげしくなった。物価は急ピッチであがり、それも公定価格ではなにも買えず、すべてにヤミ物価が生まれた。二十一年末を戦前の昭和十二年にくらべると、小売公定価格で二〇・二倍、ヤミ物価は実に一三六・五倍となっている。賃金は物価に追いつかず、給料生活者、労働者の生活はまったく破局寸前になっていった。

二十一年末から全国の官公庁労働者二百五十万人を中心に、産別系民間労組も加わって全国労組共同闘争委員会が作られ、賃上げを要求して二十二年二月一日を期してゼネラル・ストライキを計画した。二・一ストは日本史上空前の大ストライキとなるはずであり、労働者階級と支配権力との正面からの対決は必至とみられた。しかしその前日、マッカーサーは占領軍命令をもってこのゼネ・ストを禁止した。

生活の窮迫と虚脱感のひろがりを背景に、幻想的な救いや、身近な現世利益を約束する新宗教が続々と名乗りをあげて活発に布教し、社会的関心を集めた。天変地異を説き、呉清源、双葉山らを「閣僚」に神政実現の「内閣」をつくった璽光尊の長岡良子が検挙され、北村サヨの踊る宗教、天照皇大神宮教が東京に進出し無我の舞を数寄屋橋で実演した。戦前いらいの法華系新宗教の霊友会は、お導き運動で大発展をとげ、つづいてその分派立正交成会が法華経の功徳と人格完成の教義で進出した。大本教系の世界救世教、生長の家や、ひとのみち教団を再建したPL教団も、占領下で教勢を拡大した。

昭和二十二年の春ごろから、創価学会青年部は、法華系の獅子吼会、本門仏立講や、立正交成会、生長の家などにたいして折伏攻勢をかけている。「邪宗退治」と称したこの活動は、青年部の活動の花形となった。

この年の夏の、本山大石寺での夏季講習会には、八十余名が参加している。前年の二十九名にくらべると、ゆるい伸びではあるが、着実に教勢を伸ばしていることがわかる。九月からは、法華経講義の第五期がはじまったが、五十名内外の受講者があった。

　昭和二十二年（一九四七）十月十九日、創価学会は第二回総会を神田の教育会館でひらいた。支部は東京に十二、地方に十一と増加し、各支部では月一回以上の座談会が開かれ、折伏がすすめられていた。本部には、あらためて総務、講義、情報、青年、婦人、財務の六部がおかれた。

　この総会で、戸田は、午前と午後の二回、講演をおこなった。「三世の因果」と題して、「この娑婆世界においては、わたくしどものこの身、その境遇が、浄玻璃の鏡なのでございます。過去世にわたくしどものなした業が、この現世にわれわれの身心に業報として感ずるのでございます。人は、みな、性欲が不同で、種々さまざまのことをやっておりますから、この世の人は、同一の境涯に生まれるということができないのであります。同じ親に、同じように育てられた兄弟でも、同一な生涯がないのは、この理由であります。現世、過去世、未来世ということを、信ずることのできぬものが充満していることは、なげかわしいことでありますが、これが生命の実相であり、仏教の根本でございます。……されば、自分は丈夫であるとしても、自分の身内に弱いものがいて、多病の業報を感ずるならば、親子ともどもに殺の報いとせねばならない。このように考えることは、生命は永久であり、永遠の存在であり、常住の生命が娑婆世界に、生死、生死と存在することを大前提とせぬかぎり、信ずることのできないことである。……」と説明し、このためには、「南無妙法蓮華経と唱えたてまつることが、よりよき運命への転換の方法」である、と戸田は説いている。

午後の講演では、「創価学会の使命」と題して戸田は、戦後の荒廃した人びとを日蓮聖人によって救うのがわれわれの任務であり、「折伏こそ学会の使命であり、信条である」と説いた。

折伏についての戸田の考え方は、同じころの『価値創造』（十号）の論文にもみられる。「折伏」と題する論文で、戸田は、日蓮正宗の信者は「仏の使い」として、ふるまわなければならないと説きはじめ、「折伏」の論理と必然性をつぎのように論じている。

たとうれば、ある人が工場の職工となったとする。そうなると、職工として待遇を工場主からうける。しかるに、その人は、何も工場主のために働かず、工場の仕事もかえりみず、ただ給料をもらうことを考えたり、給料の値上げを強請したりしては、その工場から追い出されることは必然である。また電車の運転手となって辞令をもらったとする。しかるに前の職工と同様に、電車の運転を少しもしなかったとしたなら、運転手とはいえないか。

それと同じことで、最高最為の仏の道にはいり、ご利益広大の御本尊をいただきながら、ご利益はありがたいとか、いや、まだまだご利益がほしいとか願いながら、仏のご意志を助けようとしない者は、先にのべた職工や運転手のようなもので、真の仏の弟子とも、子とも申されない。

……

されば、われら日蓮大聖人の真実の弟子は、大聖人の化導のお心を心として、懸命に折伏の道を行じなくてはならぬ。それでこそ大御本尊の加護があり、大利益を受けて、悟りの境涯へとみちびかれるのである。自分だけが信仰して、他にこれを教えようともしない者は、自分だけが美味の料理を食べて、人には与えようともせぬ人々で、慳貪《けんどん》の罪をまぬかれない。この人を慈悲の徒とはいえないのである。このゆえに、日蓮正宗の信者のなかでも、折伏をしない人々が、よく、絶対的幸福の境地にいけず、何か不足をかこって中途半端な生活をしている者を、よく見受けるのである。ことに邪宗の人々は、五道六道に沈淪して、無数劫に成仏の機がない人々で、真実の幸福も、この世においてもありようのない、かわいそうしごくな人々で、この人々を救ってやることこそ、仏の大慈悲であって、御本尊様のもっともよろこびとするところである。この折伏についていては、われわれは朝夕に御本尊の御前において、自我偈の終わりに、

『毎自作是念　以何令衆生　得入無上道　連成就仏身』

と念じている。この経文は、どうかして、いっさいの生類をして、速く仏にしたい、絶対の幸福の境涯にしたいし、自分もまた同じく仏身を成就したいという願いを念じているものである。これは、折伏を日夜に祈願しているのであり、仏の指図であると心得べきである。

しかして、この折伏にあたって、とくに心得べきことは、折伏のためにせらるる悪口は、心から感謝しなくてはならないのである。その理由は、悪口せらるることによって、われわれの身体の罪障が消えて、幸福生活へとばく進することができるからである。しかし百尺竿頭一歩を進めて、この現代の日本をみるに、大聖人の立正安国論の文と符節を合わせているにはおどろかざるをえない。すべからく憂国の青年は、一代の大聖の指示をつつしみかしこんで、一切衆生が妙法

受持の日を一日も早からしめんために、折伏に精進しなくてはならないのである。……

戸田を先頭にした折伏活動は、しだいにその成果を見せるようになった。昭和二十三年（一九四八）の三月ごろから、入信者が急に増加するようになったのである。座談会も活発になり、都内では、一日に二ヵ所以上で開かれるようになり、戸田と矢島が、それぞれ分担して参加するようになった。

指導員と準指導員が、会員のなかから選ばれて任命され、これが中心になって座談会は運営されるようになった。

当時の座談会や折伏の模様を森田一哉は、つぎのように回想している。森田一哉は、昭和十六年に入信した森田悌二の長男で、戦前、型だけは入信していたが、戦後中大に通いながら父親とともに鶴見地区で折伏をはじめていた。

「人数はすくないけれど、しんみりやろうよ」、集まりの悪い座談会で、戸田先生は、このようにおっしゃってくれた。……

昭和二十二年の後半から、二十三年の前半にかけて、戸田先生は、毎週、鶴見の座談会においでになった。そのころのわたしは、座談会がくるのがイヤだった。なぜならば、戸田先生をはじめ、小泉先生、和泉先生、柏原先生などのソウソウたるメンバーが、来るのであるが、こちらに力がないため人が集まってこなかったからである。座談会というものが、苦しみのタネであった。そのような時、戸田先生のお言葉は、どれほど、わたしの気持をホッとさせ、信心の励みになったかわからない。

とくに、近所に友だちが、たくさんいたから、一生懸命にかり集めては、先生に折伏してもらった。……

わたくし自身が、学生だったので、友だちも学生が多かった。理屈ばかりいうのが多く、また、わたくし自身も、折伏ということが、あまりよくわからなかったので、相手を、理屈をもってなんとかやっつけよう、理屈で、相手を追いつめてしまおうとした折伏だった。……

（『大白蓮華』九九号）

また「邪宗」への折伏攻撃は、つぎのように行なわれた。

「生長の家」の場合である。「座談会が、行われる大広間に、あらかじめ学会員をバラマイテおいた。体験発表の際に、学会員が、生長の家をやって（入信して―引用者注）、不幸になった体験を語り、それに対して、同じく学会員が、質問をあびせかけた。側にいた谷口雅春は、あわててしまい、お前たちのようなものは相手にしない、と座を立って行ってしまった。それを、われわれは、部屋まで追いかけて行って、折伏をしたものだ。また、鶴見で仏立講の坊主を折伏したことがあった。破折する理論は知らないが、仏立講は邪教であることだけは知っている。ただその

一念でやった」（前出書）

こうした「一念」で折伏をうけたものこそ大変な迷惑だったにちがいないが、森田もいうように、当時は「いま考えれば、多少ムチャな折伏」が、行なわれていたのである。

この昭和二十三年に入会したもので、現在大幹部になっているものには、星生務、中西治雄、板倉弘典、鈴木一弘、山本雅治、北条しゅん八らがいる。

昭和二十三年（一九四八）の夏季講習会は、戦後第三回目をむかえたが、参加者は、百八十八名と、前回より百名ばかり増加した。戦前の昭和十七年八月の、創価教育学会の講習会は百五十名がピークであったから、ようやくその水準を越えたといえるだろう。

秋の十月十七日には、第三回の総会もひらかれた。この総会で戸田は、例によって、午前と午後の二回、講演を行なったが、とくに午後の部の「民族復興の道」と題する講演は、「当時の学会の方針と、その目的のための根本理念を、もっとも明確に説いたもの」であり、「戸田城聖の歴史的宣言の一つ」だと、のちに池田が述べているように、「邪宗教」と共産主義思想に、その照準をあわせはじめてきたものである。

民族が復興するには、必ず哲学が必要である。哲学は、また、実践を伴わなければならない。実践のない哲学は、観念の遊戯にすぎないのだ。戦時中、神道を強制して大失敗をしたわが国は、終戦後、いかなる哲学と道徳をもって、復興すればよいのか。世間をごまかした邪宗教や、破壊的な共産主義思想がはびこっている現在、わが創価学会は、偉大な日蓮正宗の哲学を身に帯して実践し、祖国の復興に寄与しなければならないのであります。

日蓮正宗信者の各位は、その分に応じて努力しておられるが、まだまだ、なまぬるいものであり、時代の先覚者というものは、殺されようが、焼かれようが、けつぜんとして突き進む覚悟が必要なのであります。もとより、その時代が必要としないものは、努力してもむだであり、いまの世のなかに、鎧、兜の広まるわけがありません。ところが戦時中に、もんぺが期せずして広まったごとく、その時代の国民生活に必要なものが現われたなら、必ず広まらなくてはならないのです。

戦いに敗れたわが国が、真に道義と平和を愛好する民族として再起するためには、正しい宗教と正しい思想に根底をおいてその上に政治、経済、文化等を、打ち立てなければならないことは、いうまでもありませんが、この欲求をみたしうるものが、わが日蓮正宗の哲学であり、その根本が大御本尊様なのであります。

かかる意義深い大御本尊様が、わが国に厳存しているにもかかわらず、多くの日本人は、ほとんどこれを知りません。われわれ学会員は、かかる不憫と煩悶の時代にあって、たとえ命を捨てることがあろうとも、親と妻子を捨てなければならない事件がおきようとも、はたのものが退転しようと止めようと、その屍をのりこえて、けつぜんとして進もう。これこそ、唯一無上の学会の大使命であります。

この大使命をもって、わたくしとともに進もうではありませんか。この堅い決心のないものは、いますぐにでも、学会を去るべし。われらは、いよいよ信心強盛にして、その屍をのりこえて進むのみ。

（『戸田城聖先生講演集』上）

年が明けて、昭和二十四年（一九四九）の一月、池田大作が、戸田の経営する日本正学館に勤務することになった。池田は、敗戦の年の秋から新橋の印刷工場で働いていたが、結核が悪化してそこをやめ、やがて京浜蒲田駅の裏手にあった蒲田工業会の書記として働いていた。小平芳平の推薦で、前年の秋に、池田は戸田に履歴書を出していたのである。

文学好きの池田にとって、出版社というのは、魅力のある職場にちがいなかった。「手放したくなかったんだが、将来、文学で志を立てるといっていたので『雑誌記者になるので……』といわれたときには、引きとめられなかった」という当時の蒲田工業会の上司の言葉からも、「ジャーナリスト」たらんとする池田の、心のはずみが感じとれる。

戸田は、日本正学館のほかに日正書房などの出版社を経営していた。敗戦前後から開始した通信教授は、すでにこの当時は、用紙、印刷代の日ごとの高騰により、予約制を維持していくことができず、廃止していた。大衆小説の出版も一時の成功はおさめたかにみえたが、インフレの亢進は、再版を許さず、新しい出版企画や執筆者を確保することもできないまま停滞していた。

戸田は、この危機を乗り切るために、月刊雑誌の発行を決意した。少年向け雑誌の「冒険少年」と婦人雑誌「ルビー」である。入社した池田は「冒険少年」の編集を担当した。創刊から数ヵ月ののちには「冒険少年」は十数万部、「ルビー」も数万部を発行するようになっていた。

しかし、戦前からの資本と信用をもつ大出版社が、戦後の混乱期から立ち直り、製紙生産能力の回復とともに、月刊雑誌を復刊しはじめた。日本正学館のこれらの雑誌は、急速に売上げが低下し、毎月の返本率は悪化していった。「冒険少年」は八月から「少年日本」と改題して、回復をはかろうと試みたが、秋には返本率は七、八十パーセントにも達していた。戸田の事業の行き詰りは目に見えていた。かれはこの局面の打開に全力をふりしぼった。

創価学会の機関誌『価値創造』が、昭和二十三年の十月の第十六号以来、年が明けても休刊をつづけたのも、こうした戸田の事業の行き詰りが反映したものであったのだろう。

「生命論」

昭和二十四年七月、『価値創造』にかわる機関誌として『大白蓮華』が創刊された。『大白蓮華』第一号に、戸田はかれの「生命論」を発表した。

この「生命論」は、創価学会の人間観、社会観の基本を形づくるものであるので、ややくわしく紹介しておきたい。

戸田の「生命論」は、昭和十八年の夏の弾圧の記憶から書きはじめられている。

冷たい拘置所に、罪なくとらわれて、わびしいその日を送っているうちに、思索は思索を呼んで、ついには人生の根本問題であり、しかも難解きわまる問題たる『生命の本質』につきあたったのである。『生命とは何か』『この世だけの存在であるか』『それとも永久につづくのか』これこそ、永遠のナゾであり、しかも、古来の聖人、賢人と称せられる人々は、各人各様に、この問題の解決を説いてきた。

不潔の拘置所には、シラミが好んで繁殖する。春の陽光を浴びて、シラミは、のこのこと遊びにはい出してきた。私は二匹のシラミを板の上に並べたら、かれらは一心に手足をもがいている。まず、一匹をつぶしたが、ほかの一匹は、そんなことにとんちゃくなく動いている。つぶされたシラミの生命は、いったい、どこへ行ったのか。永久にこの世から消えうせたのであろうか。

また、さくらの木がある。あの枝を折って、かびんに差しておいたら、やがて、つぼみは花となり、弱々しい若葉も開いてくる。このさくらの枝の生命と、之のさくらの木の生命とは別ののであるか、同じものであるのだろうか。生命とは、ますます不可解のものである。

その昔、生まれて間もない一人の娘が死んで、なやみ苦しみぬいたことを思い出してみる。そのとき、自分の娘に死なれて、こんなになやむ、もし妻が死んだら（その妻も死んで自分を悲しませたが）……もし親が死んだら（その親も死んで、私は非常に泣いたのであったが）……と思ったときに、身ぶるいして、さらに自分自身が死に直面したらどうか……と考えたら、目がくらくらするのであった。

それいらい、キリスト教の信仰にはいったり、または阿弥陀経によったりして、たえず道を求めてきたが、どうしても生命の問題にかんして、心の奥底から納得するものは、何ひとつえられなかった。そのなやみを、また独房のなかでくり返したのである。元来が、科学、数学の研究に興味をもっていた私としては、理論的に納得できないことは、とうてい信ずることはできなかった。

そこで、私は、ひたすらに法華経の不思議な句に出会い、これを身をもって読みきりたいと念願して、大聖人の教えのままにお題目を唱えぬいた。唱題のかずが二百万べんになんなんとするときに、私は非常に不思議なことにつきあたり、いまだかつて、はかり知りえなかった境地が眼前に展開した。よろこびにうちふるえつつ、一人独房の中に立って、三世千万の仏、菩薩、いっさいの衆生にむかって、かく、さけんだのである。

遅るること五年にして惑わず、先だつこと五年にして天命を知りたり。

かかる体験から、私は、いま、法華経の生命観にたって、生命の本質についてのべたいと思うのである。

（『戸田城聖先生論文集』）

戸田は、獄中で師を失い、自分自身も死との対決をせまられた。独房での孤独感や絶望感も大きかったにちがいない。とくに、とらわれの身で、社会的生活、社会的実践に打ちこむことができない場合、この「死」への不安、恐怖の感情を解決することが、最重要な問題となる。そのことによって、いわば生の有限感を脱却する必要がある。現実には、空襲はますます激しくなり、いつアメリカ兵が上陸してくるかわからないといった切迫した空気が、独房にいても感じられる。戸田は必死になって題目を唱え、法華経をよんだ。

こうしてつかんだ宗教的確信が、この「生命論」であり、戸田は、それをつぎのように説く。まず、法華経の経文から引用して、生命が、過去、現在、未来の「三世」にわたって実在すると説く。

およそ釈尊一代の仏教は、生命の前世、現世および来世のいわゆる三世の生命を大前提として説かれているのである。ゆえに、仏教から三世の生命観をぬきさり、生命は現世だけであるとしたならば、仏教哲学はまったく、その根拠をうしなってしまうと考えられるのである。……

三世の生命なしに仏法はとうてい考えられないのである。これこそ、生命の実相であり、聖者の悟りの第一歩である。しかしながら、多くの知識人はこれを迷信であるといい、笑って否定するであろう。しかるに、吾人の立場からみれば否定する者こそ自己の生命を科学的に考えない、うかつさを笑いたいのである。

およそ、科学は因果を無視して成り立つであろうか。宇宙のあらゆる現象は、かならず原因と結果が存在する。生命の発生を卵子と精子の結合によって生ずるというのは、たんなる事実の説明であって、より本源的に考えたものではない。あらゆる現象に因果があって、生命のみは偶発的にこの世に発生し、死ねば泡沫のごとく消えてなくなると考えて、平然としていることは、あまりにも自己の生命にたいして無頓着者といわねばならない。

いかに自然科学が発達し、また平等をさけび、階級打破をさけんでも、現実の生命現象は、とうてい、これによって説明され、理解されうるものではない。われわれの眼前には人間あり、ネコあり、イヌあり、トラあり、すぎの大木があるがこれらの生命は同じか、ちがうか。その間の関連いかん。

同じ人間にも、生まれつきのバカと、りこう、美人と不美人、病身と健康体などの差があり、いくら努力しても、貧乏人である者もおれば、また貧欲や嫉妬になやむ者、なやまされる者などを、科学や社会制度では、どうすることもできないであろう。かかる現実の差別には、かならずその原因があるはずであり、その原因の根本的な探求なしに解決されるわけがないのである。

ここにおいて、三世の生命を説くからといって、われわれは霊魂の存在を説いているのではない。人間は肉体と精神のほかに、霊とか魂とかというものがあって、現世を支配し、さらに不滅につづくということを承認しているのではないことを明確にしておく。

ここで「生命の実相」ということばがでてくるのは興味がある。いうまでもなく「生命の実相」は、谷口雅春の「生長の家」が説いたものだからである。

仏教は一般に「三世」を説く。しかし、仏教では時間を実体視せず、実在するものとみず、変化する存在のうえに、かりに三つの区別を立てるにすぎない。

戸田が、生命が「三世」にわたって存在すると説くのは、つぎの生命の永遠性を主張するための前提なのだからである。かれはつづけていう。

生命とは、宇宙とともに存在し、宇宙より先でもなければ、あとから偶発的に、あるいは何人かによって作られて生じたものでもない。宇宙自体がすでに生命そのものであり、地球だけの専有物とみることもあやまりである。われわれは、広大無辺の大聖人のご慈悲に浴し、直達正観事行の一念三千の大御本尊に帰依したてまつって、『妙』なる生命の実体把握をはげんでいるのにほかならない。

あるいは、アミーバから細胞分裂し、進化したのが生物であり、人間であると主張し、私の説く永遠の生命を否定するものがあるであろう。しからば、赤熱の地球が冷えたときに、なぜアミーバが発生したか、どこから飛んできたのかと反問したい。

地球にせよ、星にせよ、アミーバの発生する条件がそなわれば、アミーバが発生し、隠花植物の繁茂する地味、気候のときには、それが繁茂する。しこうして、進化論的に発展することを否定するものではないが、宇宙自体が生命があればこそ、いたるところに条件がそなわれば、生命の原体が発生するのである。

ゆえに、幾十億万年の昔に、どこかの星に人類が生息し、いまは地球に生き、さかえているとするも、なんの不思議はないのである。また、いずれかの星に、まさに人間にならんとする動物がいることも考えられ、天文学者の説によれば、金星が隠花植物の時代であるとの説を聞いたことがあるが、私は天文学者ではないから、これを実証することはできないにしても、さもありなんと信ずるものである。あるいは、蛋白質、そのほかの物質が、ある時期に生命となって発生したと説く生命観にも同ずるわけにはいかないのである。生命とは宇宙とともに本有常住の存在であるからである。


こうして、「生命」は永遠性をもつ。戸田はつづける。


生命は永久であり、永遠の生命であるとは、人々のよく言うところであるが、この考え方にはいろいろの種類がある。

ある人は観念的に、ただ『永遠』であると主張して、ぼんやり信じている人があるが、こんな観念論的な永遠は吾人のとらないところである。……

しからば、どんなふうにしてあらゆるものの生命が連続するのであろうか。……

われわれの心の働きをみるに、よろこんだとしても、そのよろこびは時間がたつと消えてなくなる。そのよろこびは霊魂のようなものが、どこかへいってしまったわけではないが、心のどこかへとけこんで、どこをさがしてもないのである。

しかるに、何時間か何日間かの後、また同じよろこびも起こるのである。また、あることによって悲しんだとする。何時間か何日かすぎて、そのことを思い出して、また同じ悲しみが生ずることがある。人はよく悲しみをあらたにしたいというけれど、前の悲しみと、あとの悲しみとりっぱな連続があって、その中間はどこにもないのである。

同じような現象が、われわれ日常の眠りの場合にある。眠っている間は、心はどこにもない。しかるに、目をさますやいなや心は活動する。眠った場合には心がなくて、起きている場合には心がある。あるのがほんとうか、ないのがほんとうか、あるといえばないし、ないとすれば、あらわれてくる。

このように有無を論ずることができないとする考え方が、これを空観とも妙ともいうのである。この小宇宙であるわれわれの肉体から、心とか、心の働きとかいうものを思索してこれを仏法の哲学の教えを受けて、真実の生命の連続の有無を結論するのである。

前にものべたように、宇宙は即生命であるゆえに、われわれが死んだとする。死んだ生命は、ちょうど悲しみと悲しみとの間に何もなかったように、よろこびと、よろこびの間に、よろこびがどこにもなかったように、眠っている間、その心がどこにもないように、死後の生命は宇宙の大生命にとけこんで、どこをさがしてもないのである。霊魂というものがあってフワフワ飛んでいるものではない。大自然の中にとけこんだとしても、けっして安息しているとは限らないのである。あたかも、眠りが安息であると言いきれないと同じである。

眠っている間、安息している人もあれば、苦しい夢にうなされている人もあれば、浅い眠りになやんでいる人もあると同じである。

この死後の大生命にとけこんだすがたは、経文に目をさらし、仏法の極意を胸に蔵するならば、自然に会得するであろう。この死後の生命が、なにかの縁にふれて、われわれの目に映る生活活動となってあらわれてくる。ちょうど、目をさましたときに、きのうの心の活動の状態を、いまもまた、そのあとを追って活動するように、新しい生命は、過去の生命の業因をそのまま受けて、この世の果報として生きつづけなければならない。


この「生命論」で説いていることとは、結局、生命とは、過去、現在、未来の三世にわたって連続し、永遠に存在するもので、宇宙自体が生命である、ということにつきる。

「生命論」の本質とその批判

では、この論文は、池田大作がいうように（『人間革命』第四巻）「幾多の新学説と、原理、方程式が含有されて」おるもので、人類文明に「偉大な寄与をなしていく」ものであり、「やがて一世を風靡するにちがいない宿命をもつもの」でもあるとともに、「これらをひとたび読んだ後に、読者は等しく自分の眼の鱗が落ちた思いをする」にちがいなく、「まことに新しい、生命の世紀の夜明けを告げる宣言書」で、「新世紀の光源」であるかどうか、それは賢明な読者の判断にゆだねることにしよう。

だが、つぎのことだけははっきりしているといえるだろう。すなわち、この「三世」論は、素朴な輪廻転生説であり、宇宙即生命論にいたっては、アートマンはブラフマンであると梵我一如を主張した古代インドのウパニシャッド哲学以来の素朴な観念論のやき直しにすぎない。

こうした宇宙即生命論は、別段目新しいものではない。欧米の近代哲学のなかにも、このタイプのものがみられるが（エマーソンの「大霊」論など）、とくに二十世紀のアメリカでその俗流版が、宗教的神秘主義として流行し、クリスチャン・サイエンス、ニュー・ソートなどが起こった。「生命の実相」を説く生長の家もその影響下につくられた新宗教である。「生命の実相」を悟り、それに応じて生きることによって、個人の「本来の生命」が「迷い」あるいは「汚染」を脱して正常に活動し、「迷い」のあらわれ、結果である病気などから解放される、というのである。

（佐木秋夫『文化評論』一九七〇年三月号参照）

戸田の「生命論」にあらわれた、こうした議論だけでは、どうみても理論的とはいえない。のちに、戸田は『開目抄講義』をあらわすが（昭和二十八年刊）、そこで「生命論」はつぎのように展開整理されてくる。

生命とは心肉不二にして肉体にも非ず、而うして肉体と精神に絶えず反応を与えるものである、目に見る事もなくして存在し、而して目に見える肉体と精神と運命とに強くはっきりとにじみ出るものである。

我々の生命は永遠であるとすれば此の世の中で死んで又次の世で生命の活動がなければならぬ、他の宗教では次の世の生命活動を西方の浄土世界とか天上界とか云うような架空の世界観を作ってそこで生きているという、之れは法身論の生命観であって事実の生命観ではない、次の世に生まれてくる世界は我等が今日生活していると同様の娑婆世界である、然らば世間に云う生れ変ってくると云うあの事かと思うであろう、事実は極く似たものであるが生れ変るとなれば全然別個の人間とも考えられる、然し全然別個ではあり得ないのである、では同じ人かと云うに同じ人でもないのである、あたかも七歳のAなる人と四十歳のAなる人とは物質構成、精神活動、運命等は全然別個であり乍ら七歳のAと四十歳のAとが、同一なりと断ずるが如きものなのである、今世のAと来世のAとは生命の連続に於いては同一生命の連続であって、肉体にもせよ精神にもせよ運命にもせよ、今世のそのものではない事は勿論である、それは七歳のAの場合と四十歳のAの場合と同様である。

七歳のAが四十歳に至るまで生命の連続であると同様に、肉体も精神も運命も変化の連続を成した如く今世の生命が来世の生命に至るとしても今世の肉体精神運命が来世へと変化の連続を成す事は当然な事である。

ここで、戸田は、「来世」のことを、「娑婆世界」とはっきり述べているように、この「来世」は、宗教信仰上の仮構ではなく、文字通り、つぎに生まれかわったときの現実世界のことである。だから生命の連続というのは、生まれかわりのことなのである。

「われわれのこうしている肉体、この中が全部大宇宙の生命自体です。大御本尊様は大宇宙の生命を最も強く結集されたものです。それと感応するから、こっちの生命力が強くなってくるのです」。この「生命力」は、「生の哲学」におけるような「創造的」な力のようであるが、実ははなはだ生活的、呪術的なものなのである。一言でいえば、「人生のたたかい」をたたかいぬく力(リキ)であり、病気に打ち勝ち災禍をはねとばす力であり、他人を圧倒して打ち負かし「出世」する力である。病気や貧乏その他の不幸は要するに「生命力」が足りないために生じる現象で、「生命力」が強くなれば克服できる、とする。「大御本尊」は、この「生命力」のかたまりなので、それを拝めば感応して自分の「生命力」が強まる、としている。これは、矛盾に押しひしがれそうになって無力感と孤独感に苦しみながら虚勢をはらなければならない現代の未組織・半組織の大衆にとって、大きな「福音」に見えがちである。(佐木、前出書)

「生命哲学」は、唯物論と唯心論との不毛な対立をのりこえた「宇宙即我、我即宇宙」の「色心不二」の哲学であるといわれる。宇宙そのものは、無限の生命であり、人間の生死はそのひとつの有りかたであって、有るようで無く、無いようで有るという「空」の状態が生命の実相である。個人の生命が死んでも（色）、それは宇宙の生命に還帰した（心）にすぎず、またいつかは生まれでるものなのだ、この無限の生命の本体こそ「御本尊様」なのだから、「御本尊様」を信心しいっさいをまかせなければならない、そうしてこそ生命の無限性が感得されるのだ、というわけである。

では「御本尊」とはなにか。これについては、戸田は、その権威を語るのみで、説明することはできない。それは、生命の永遠性をもとめ現実の苦しみから救いをもとめる人間の願いをみたす絶対者として、人間みずからつくりあげた観念の産物にすぎない。その意味では、この「生命哲学」は、唯物論と観念論との対立を克服したどころか、もっとも徹底した客観的観念論であるといえる。

人間の運命がすべて絶対的な存在としての「御本尊様」ににぎられているのであるから、人間の生命の不安——現実の貧困・抑圧・抗争など——のなりゆきは人間にとってまったく知りえないものとなる。この未知の不安は、すべて「御本尊様」への信心で「宿命転換」する。しかし、どうなるかわからぬ現実の不安のなりゆきのなかでは、生命の維持のために実利を徹底的に追求するのが得策である。こうして、人間は、この宗教の信仰生活のなかで、「御本尊様」にたいする絶対的な信仰をもとめる聖なる内面と、日本という前近代的な残りかすを内にはらんだ独占資本主義の社会で、徹底的に実利的な幸福を追求する俗世的な活動とに分裂する。しかしそれは、「生命哲学」において統一される。なぜなら「生命哲学」は、幸福とは「生命」にとって価値あるものをつくりだすこと、ここでいうなら個人の実利をもとめることを意味するからである。

したがって、「生命哲学」を体得してえられる生命力とは、「御本尊」にお題目を唱えるエネルギーであり、実際面では、「御本尊」への信心という聖なる名のもとに、資本主義社会の生存競争のなかで、自分の利己的な欲望をつらぬきとおす行動にほかならない。まさに、利己心の解放である。「御本尊」の絶対性を強調すればするほど、行動においては資本主義社会のなかでの実利を徹底的に追求するようになるわけである。それでもなおかつ実利（功徳）が少ないとすれば、信心が足りないからであり、さらにいっそう「折伏」による「広宣流布」がもとめられる。（榊・中川編『公明党・創価学会批判』、参照）

戸田の「生命論」は、創価学会の発展に応じて、その後、若干の増幅は行なわれるが、基本になるスジは、以上に見た通りである。

戸田の「生命哲学」が、およそアカデミズムの哲学界からは問題にされない、いわば「生活の哲学」であったのと、ちょうど対極にあったのが、日本の観念論哲学の最高峰とみなされている西田幾多郎の哲学である。西田の生命論は、「矛盾的自己同一的な世界が世界自身を形成する所に生命というものが現れる」（『哲学論文集』第七「生命」）という点にあり、「全体的一と個物的多との、主体と環境との、内と外との矛盾的自己同一に……生命というものがある」と説明している。「単なる物質の世界から生命というものが出て来ようがない」と強調する西田は、晩年〝行為的直観〟の思想に至って、私（個）と絶対者との直接的結合（私と神との矛盾的同一）を説くようになる。

ところで、この西田論文に引用され、援用されているホールデンと沢潟久敬の説を、真理だとして援用しているのが、つぎにみられる池田大作著『科学と宗教』のなかの「近代生物学と仏法」の池田大作の「生命論」である。

池田は、オパーリン学説を物質と生命との不可分の関係を明らかにしたものと評価しながら、これはあくまで「仮説」であり、「それをもって、人間生命それ自体まで、こうした唯物論的思考で包含されると考えるのは早計」だとする。こうして池田は、生命の本質は「色心不二」だとするわけだが、その「生命の本質というものは、不可思議であり、もはや言語のおよぶところでなく、また心もおよばない。もはや理論ではなく体験の世界である」という、非合理主義的観念論の世界に逃げこんでしまう。

しかし、いうまでもなく、科学的に未解決の分野のあること、知識の相対的であることは、けっして非合理主義の正しさを逆証するものではない。

いずれにしても、「私の意識の中に存在を包み込む」という根本的立場から、主観と絶対者とが絶対矛盾的に自己同一であるということによって、主観主義と客観的観念論とを強引に結びつけて、宗教的世界にのめりこんでいった西田哲学と、ほぼ同じような論理のカラクリで、自己と「大御本尊」との結合を「生命」の形而上学的把握によってなしとげた戸田の「生命哲学」とは、ともに日本型観念論の――一つは知識人向けの、一つは庶民向けの形態をとってはいるが――典型にはちがいないだろう。

会員の質問に答えて

「人生のなやみ、商売の不振は、どんな科学も解決することはできない。……人類の不幸はどうして生じたか。人類のなやみはどうして生じたものであるか。これは宗教の極理に達した哲人の真理を聞く以外に道はないのである」(『大白蓮華』三号)と説く戸田は、では、その「生命哲学」で、どのような解答を与えようとしたのか。若干の具体例でしめそう。「問」は会員、「答」は戸田である。(特記していないものは『聖教新聞』より)

信仰問題

問　信心すると何故功徳があるか。

答　簡単に述べる。大御本尊を信じ、題目を上げると例えば脊髄の如き身体の生命の中心に、御本尊と同じ状態の物ができ上る。そして題目を唱える度毎に折伏する度毎に命の芯の御本尊の力がだんだんと強くなり、御本尊の力が身体の中に滲み出るそれが功徳であり、また身体の中心に懸かるこの御本尊を守る役目の働きをするのが、梵天・帝釈・日月四天・地涌菩薩・文珠菩薩等である。もし謗法すると身体の中の金色に輝く御本尊に毒が発生して、毒を塗ったようになり功徳が消され、宇宙の中の地獄・餓鬼・畜生と云う三悪道の境涯と共通してしまい、ろくな事が起らぬのである。（昭和二十九年六月二十日）

問　功徳について。
答　功徳は功徳だ、願として叶わざるなし、願を立てなさい。金持になることと肺病の治ることは絶対だ。此の頃の金持はいつでも銀行に百万円位の預金があったらいいだろう、どうだ。（昭和二十九年八月二十九日）

問　唱題中色々と邪念が出て困る。
答　真剣に信心していれば次第に御本尊のみの事を考えるようになる。宗教で説く無我の境涯なんてある筈がない。自分を忘れたら気狂いである。無常、無我、空は小乗教の教えである。宗教は現実生活上の利益を目指したものである。御本尊は主師親の三徳を具備しているが故に真剣に念ずる心（念力）があれば種々の生活の悩みが解決されるのである、観念文の観念とは心に念ずる事でそれがちゃんと御本尊に映る。先程のアル中の夫を御山に無理してよこした妻は自分で来るべきだ。何故なら悩むのは妻の方であるから。色々の妄想が浮ぶのは人間としてあたりまえで私も唱題中に妻子の事を思う事がある。信仰が強くなれば御本尊の事のみしか考え

なくなる。是れを法華三昧と称す、妻の愚痴も此の時は子守歌の様に聞かれる。（昭和二十九年三月十四日）

問　浅草の仲見世で観音の瓦煎餅を売っているが謗法になるか。

答　謗法にならない。早く儲けて他の商売をすればよい、昔は腰に刀をさしていついかなる時にどんな事があっても自由自在に振廻しあざやかであれば良かった。今は金を儲けて自由自在に使いこなせばよい。（昭和二十九年二月十四日）

生活問題

問　信仰一年になるが生活問題が解決されずに悩んでいる、いかに解決すべきか。

答　値打のない信仰ならば止せ。信心をやり通して将来の果報をうけるか、止めて自分の度胸で決めるか二つに一つしかない。貧乏で悩む、あせってもだめだ、ゆっくり信心して自分自身をやしない給え。（昭和二十九年五月十六日）

問　現在失業中ですが私の持つ技術は木工で二十四年の経験をもっているが最近辞めさせられてしまった。楽に沢山給料の取れる所に就職出来るでしょうか。

答　辞めさせられた原因を良く考え自分のいやな、又人の厭な所でうんと働いてこそ自分の願いが叶えられる。初代の会長は絶えず〝東京で満足に生きて行くには一人前だけ働いたのでは食うや食わずの貧乏暮ししか出来ない、二人前働いてやっと東京人になれ、三人前以上働いて妻子を養うことが出来る〟と云っておられた。職業をおろそかにする人は信心も駄目である。金をうんともうけるには稼がなくてはだめだ、金を取る根本に信心がある。碌に働けない怠けものは創価学会に必要はない。（昭和二十九年七月十一日）

問　生後二十三日目に入浴後お湯からあげたら死んだ様になったので一生懸命拝んだら治ったが其の訳。

答　此の事は不可思議境という。生命とは一概に、色心の二法一極なる生命を云い、此生命がどの様に続くかと云う事を不可思議境という。生命の事を研究するのが学会の問題である。（『質問会集』）

問　浄土真宗の坊主が、人間が死に時間がたてば固くなり、又やわらかくなり固くなると云うが本当か。

答　本当の成仏とは寝る様に死にやわらかい。固くなったのは成仏していない。橋本で子供が、死にすごい状態の所、行かれず御秘符をあげ死人にのせればすぐ死相が変り、成仏の相を表し、死相もきれいな顔で死んで行った。睡った様に死ぬのが成仏である。（『質問会集』）

問　学校経営がうまくいかない。生徒の家庭を折伏して居る。
答　折伏と生活をごっちゃにするな。生徒は教員に依る。生徒がつく教師とつかない教師があり、子供がよろこんで来る様にする事。商売上の事だからホラ位ふいて宣伝をうまくしなさい。評判をつける事。（昭和二十八年四月十日）

問　二週間前主人が肺病で死亡、子供二人今後の方針如何。
答　妻の信仰が強ければ、その主人が死亡しても財産を残す。六年位の肺病を治せない信心を疑う。実例、肺病にて病床、子供二人主人死亡二度病魔を、御本尊様を拝み切り護秘符を頂き乗り切った。結果一万円の収入で生活安定す。邪宗日蓮宗を信心して盲になった人も御本尊様を頂いて眼が見えなくとも一家を養う決心をした時心眼をひらいた。強く生き切った。未亡人で信心を強盛に御本尊様を頼って行けば必ずやって行ける。貴女はこれからが出発だとおもって信心しなさい。二人の子供をかかえて苦労し切る決心してやんなさい。必ず幸福になれる。
（『質問会集』）

医療問題

問　医者が見離した病気が御本尊様によって治ると云うことは納得出来ない。

答　もっともだ。見離された状態にもよるが誰が見ても死にかかっている重病人はだめだ、何如治るかと云えば宗教が何を対象としているかの問題である。経済学は経済を、数学は数を、医学は病気を対象にした学問である。宗教は生命を対象とした学問である。現在の医学では治らない病が三つある。例えば貧乏の金欠病が医者や注射で治るか、命についた魔を取除き治すのが宗教である。それなくては宗教とは云えぬ。生命を対象にした哲学なればこそ病気の悩みも解決するのである。（昭和三十年一月十六日）

問　入信一年、主人が関節リウマチで悩んでいるが治るかどうか。

答　絶対に治る、ただし信心の仕方で早晩がある。朝夕の五座三座と一カ月一名の折伏を励め、これだけして治らぬ筈がない。（昭和二十九年五月十六日）

問　六月に目をわずらい右の目がかすかに見える位になった。明日迄に絶対になおして帰ると妻子に断言して出て来た。治して頂き度いと思います。

答　あんたの考えはごろつきである。御本尊様に御奉公したことがあるか、東大附属病院ですら治らぬ重病を御本尊に治せるだけ信心したか、一万人折伏したか、一千人折伏したか、支部をどこ迄盛り上げたか、良く反省しなさい。奉公をせずして願うことは横着過ぎる。仏には治してやらねばならぬ義務はない。今日から心を入れかえよ御奉公が出来ているならば私の生命をかけて御本尊に拝み切り治してみせる。（昭和二十九年十二月十九日）

問　セムシとビッコは治りますか、又或る人はお前がよくなったらやると云うがどうしたらよいか。

答　セムシは治らない。過去世に大きな謗法をした為である。だが、今世に於いて一生懸命に正しい信心をすれば来世は浄化されて生れて来る。又もう一の問題だがお前がよくなればと云われるのは貴方が良くなることになる。この場合事は法力にあるのだから謗法をうんと責めればよい。この原理は永遠の生命を知らなければわからないが毒鼓の縁と云って逆縁であるが相手も救えるのである。そんな事はないと云ってもないとも云えない。知らないからと云って無いと云うことにはならない。（昭和二十九年五月十六日）

問　去年十月に入信したが生れつき子供の皮膚病が変化しない、いかなるものでしょうか。

答　それは治る。御本尊様にお上げするお水を他の器に移し子供の皮膚病の箇所に布ってやりなさい、その場合お水によって治るのではない両親の信心によって治るのである。だから夫婦揃ってきちんと勤行し真剣に題目を上げて一緒におやりなさい、絶対に治る、治らなければ自分の命をやる。（昭和二十九年五月十六日）

四　折伏大行進

倒産

戸田の事業は、昭和二十四年(一九四九)の暮れから、急速に悪化し、負債はかさむ一方になった。戸田自身が理事長となっていた小口金融専門の東京建設信用組合が、預金高にたいして払い戻しが急増し、八月には営業停止の大蔵大臣命令を受けるところまできた。取りたてにからんで刑事事件として起訴されるかもしれなかった。債権者からはすでに告訴されていた。裏地がボロボロになった背広を着用しているので「ウラボロ」というあだ名を業者仲間からつけられたのはこのころである。

事業の危機のはじまった昭和二十四年の『大白蓮華』誌上での戸田の論文には、「邪教」排撃の主張がとくに目につく。

坊主ほど、日本再建の今日、無用のものはない。かれらは、なんのために法事や葬式にお経を読むのかということを、深く考えたことがあろうか。先祖代々、各宗各宗によって、葬式や法事のとき、お経を読んできた。自分も坊主になったのだから、葬式や法事に、師匠ゆずりの経を読む。そうして、お布施と称する労働代金をもらう。それで本人は不思議ないとしても、よくよく考えてみると、こちらでは不思議でならない。

お経を読むことは、なんのためなのか。葬式や法事になくてならない儀式の一つで、家族、知友が、それによって涙するだけの効能とするならば、酒宴の席上、芸者なるものが出てきて、三味線とかいうものを弾いて、客の興をたすけるのと、陰陽異なりといえども、その効能は同じである。そうなると、坊主と芸者は同じようなものであるが、芸者は女一人食うだけで、大きな寺のような建物をもっているものではない。坊主は大きな寺をもって、大威張りで労働代金を過分に請求する。一つの牧場で、小羊が食う草と、大象の食う草ほどの相違で、大変な無用の長物である。

坊主どもに、さも指導者のような顔をさせて、芸者のような職業をさせている民衆は、バカだとしかいえない。……

しかも釈迦が、自分の経文は、自分の死後二千年したなら、どんなに読んでも効能がないと確言しているのに、その空の経文を、空々しく、これを知って読むものがあろうか。知らないとすれば、なおバカだ。このバカに、だまされるヤツは、なおバカだ。どんな意味から考えても、歌にもならず、役にも立たぬ経文を、しらじら読んで、『読み賃』を取って、食っている坊主は悪人でもあり、詐欺漢でもあり、非生産的な存在である。今日の日本に、こんな種類の人間を養う余力はない。ゆえに吾人は叫ぶ。「現代の坊主は、まず放逐せよ！　さもなくば重労働を課せ」と。

（『大白蓮華』三号）

形骸化した葬式仏教の現状を一面では正しく衝《つ》いているが、僧侶や民衆に対する露骨なバカ呼ばわりには、戸田の人間観がよくでている。

八月二十四日、戸田は創価学会理事長の職を辞任し、矢島周平を後任にすえると、会員の前から姿をかくした。この時大損害をうけた債権者のひとりが、のちにかれを「インチキ」とはげしく非難している。


昭和二十四年、当時戸田が西神田にある「東京建設信用組合」なるものの経営をしているとき、知人を通じて手形の割引きを依頼されました。まだ保全経済会などの事件も起きぬ前で、インフレの名残りで、高い利率にもそれほど不審も抱かず、手形の割引きを、四、五回したものです。

また、その信用組合は定期預金なるものを作り、三ヵ月、六ヵ月満期の定期にも加入させられました。そのときすでに多額の貸付金コゲツキのため、四苦八苦の最中だとは、定期の満期の迫ったとき知ったのです。

ようやく捕まえた戸田と会ったとき、神田の事務所の裏の小料理屋で、度の強い眼鏡をタタミにすりつけて平身低頭「生きている限り、必ずこの戸田が誓って全部返済します」といった姿を今も忘れません。しかし、その後、姿をくらまし、二年後に彼の負債（約千五百万円とか）は三割返済の決議により清算されました。


（『週刊朝日』昭和三十一年九月二日号）

ここにひかれている「保全経済会の事件」というのは、総額四十四億円にのぼる資金を十五万人の零細な庶民のフトコロから吸いあげていた保全経済会の倒産（昭和二十八年十月）のことである。

戸田の小口金融も、そのカラクリは、この保全経済会を小さくしたようなものだった。しかし戸田は、日本独占資本の復活開始を前に整理淘汰され、みずから倒産してしまっていた。朝鮮特需による経済の好況期が戸田の倒産直後にやってきた。

池田がのちに、「もしも信用組合が、あと半年もちこたえていたら、あるいは彼は、降ってわいた好況の波で、難事業を好転させることができたかも知れない」（池田『人間革命』第四巻）と述懐しているように、戸田は、あるいは第二の「保全経済会」の主役を演じていたかもしれないのである。

昭和二十五年（一九五〇）の暮れになって、戸田は、ようやく起訴を免れる見通しがついた。この間、創価学会の幹部や信者のなかでも、戸田と経済的につながっていたものは、つぎつぎにかれを見限って去った。残ったわずかな社員のなかから秘書役に抜擢された池田大作は、戸田とともにこの難局の乗り切りに腐心していた。

午後十時過ぎに、やっと社へ帰ってみると、階下の事務室は消灯されて暗かった。二階へ上がってみると、戸田が一人、ぽつんと彼の帰りを待っていた。……

伸一（池田大作―引用者注）が戸田を送って、白金の家に着いた時には、すでに午前一時ちょっと前であった。……戸田は、他人事のように言って、伸一の顔を見ながら聞いた。

「どうだ、伸、一局やるか」……

二人は、また駒を並べはじめた。いつか二人は、将棋に夢中になっていた。激しい攻防戦になった。最後に危ないところで伸一が勝った。一勝一敗の引き分けである。

「さあ、寝るか、伸、ぼくの布団で一緒に寝ようよ」


当時の二人の結びつきを、池田はこのように書いている。（池田『人間革命』第四巻）

戸田の事業家としての行き詰りのなかで、創価学会第五回総会と、牧口常三郎の七回忌法要とが、昭和二十五年十一月十二日、教育会館で開催された。

この日、午前十時から営まれた法要で、一年ぶりに会員の前に姿を現わした戸田は、牧口の思い出を語った。

戸田は、牧口の『創価教育学体系』全四巻の成立、出版事情を語り、さらに昭和十八年の弾圧のさい、警視庁から巣鴨拘置所に移されたときの、牧口との最後の別れを語った。

矢島周平は、すでに八月に戸田が理事長を辞任してからは、戸田に代わって各種の講義をひきうけていた。戸田自身が、昭和二十四年の暮れごろから、座談会にも出席できなくなっていたからである。

のちにこの事情を「創価学会の歴史と確信」という論文でまとめた戸田は、そこでつぎのように述べている。

学会再発足のとき、立正佼成会も同じく小さな教団として、やっと息をついていたのは、自分たちのよく知っているところである。しかるに、七か年の時を経過して、かれは大なる教団となって邪教の臭気を世にばらまいている。大聖人の真の仏法を奉持して邪宗ののさばるにまかせているのは、だれの罪かと私は自問した。『これは創価学会を率いる者の罪である』と自答せざるをえないのである、

また自分は、文底独一の教理を説いていると深く信じているが、教本には文上の法華経を用いている。

この二つの罪は、ご本仏の許すべからざるものである。私は大難をうけたのである。立つべき秋に立たず、つくべき位置につかず、釈迦文上の法華経をもてあそぶ者として大謗法の罪に私は問われたのである。ありがたや、死して無間地獄うたがいなき身が、御本尊の功徳はありがたく、現世に気づくことができたのである。

私は、なやみになやみとおしたのである。理事長の位置を矢島周平氏にゆずり、敢然と、なやみのなかに突入したのであった。『転重軽受法門』のありがたさ、兄弟抄の三障四魔のおことばのありがたさに、泣きぬれたのであった。兄弟抄の御おおせには、「其の上摩訶止観の第五の巻の一念三千は今一重立ち入たる法門ぞかし、此の法門を申すには必ず魔出来《しゅつたい》すべし魔競はずは正

法と知るべからず、第五の巻に云く『行解既に勤めぬれば三障四魔紛然として競い起る内至随う可らず畏る可らず之に随えば将に人をして悪道に向かわしむ之を畏れば正法を修することを妨ぐ等』云々、此の釈は日蓮が身に当るのみならず門家の明鏡なり謹んで習い伝えて未来の資糧とせよ」と。

以上二つの法門を身に読ましていただいた私は、このたびは路上において、「霊山一会の大衆儼然として未だ散らず」して、私の身のなかに、永遠のすがたでましますことと、おがんだのであった。

私は歓喜にもえたのである。私は証のありしだい敢然立つことを決意したのである。

(『戸田城聖先生論文集』)

事業上の挫折を創価学会の会長として邪教撲滅の先頭に立たなかったことと、文上の法華経を指導理念としたことという、宗教上の原因にもとめた戸田は、逆に事業家から宗教家への転進の動機の説明も、そこに見出している。

事業面にかんしていえば、戸田は大蔵商事を新宿区の百人町に置き、池田を営業部長にすえて、かたわら東京建設信用組合の清算事務に没頭した。大蔵商事は、小口金融、不動産、保険代理業などの業種を営んでいたが、その営業成績はいっこうにふるわなかった。

検察庁からの喚問は、いつ戸田におとずれるかわからなかった。戸田にとっては不安と苦悩の日々であった。

法華経理論

このころ戸田は、法華経についてつぎのような見解を持つようになっていた。

現存する法華経というものは、釈迦の出世の本懐として説かれた二十八品の法華経であって、日蓮大聖人の法華経ではない。釈迦がインドへ生まれてきた目的は、いま日本で、法華経、法華経といわれている、この二十八品の法華経を説くためであった。この法華経を説かなかったならば、釈迦の出世の意味は、ぜんぜんなかったことになる。

しこうして、この法華経は日蓮大聖人の教えとは、ぜんぜん、色も形もちがったものであり、この二十八品の法華経は釈迦に縁のある衆生のみが、これによって救われたのである。釈迦滅後二千年以後の衆生――すなわち、末法の衆生たるわれわれには、この法華経はなんの利益もないのである。……この法華経を研究するのは、日蓮大聖人の教えを会得する予備学問にすぎない。……

しからば、釈迦の教えと日蓮大聖人の教えと、どうちがうか。日蓮大聖人の教えは法華経ではないのかということになる。……

日蓮大聖人の法華経は、開目抄に『一念三千の法門は但《ただ》法華経の本門・寿量品の文の底にしづめたりとおおせられ、また観心本尊抄に『彼は脱此れは種なり彼は一品二半此れは但題目の五字なり』とおおせられてあるによって、文底下種事行の一念三千の南無妙法蓮華経こそ日蓮大聖人の法華経なのである。……

（『大白蓮華』八号）

法華経は西紀前後に西北インドで製作された大乗経典であるが、戸田にとっては、それは問題にならない。かれは、「三種の法華経」を説く。

それ法華経にも幾種類もあるが、とりわけ人類が地球上に生存していらいの法華経を大別すると三種類になる。第一は在世の法華経といって、八巻二十八品の法華経で、……第二の法華経は天台の摩訶止観の一念三千で、像法の法華経と称する。……

この正法・像法の法華経は、現世には経だけあって行・証がない。すなわち、一般大衆を利益する力がない。……

つまり正法・像法の時代にたいして、「釈迦自身が、自分の滅後二千年後を末法といい、自分の仏法に利益なし」と断じているわけで、末法の「ご本仏」である日蓮が、法華経本門寿量品の文底において把握した三大秘法による法華経、つづめていえば「本門の題目」こそ、末法の法華経であり、仏法である、すなわち、『南無妙法蓮華経』の七文字の法華経で、事の一念三千の法門である、ということになる。

こうした鎌倉時代の特色である末法思想による法華経の価値づけは、日蓮遺文、とくに『本因妙抄』『百六箇抄』『御義口伝』などによる、日蓮正宗大石寺教学の法華経理解であり、したがって、「末法の真の仏教というのは、富士大石寺の仏法をいうのであって、この大仏法が日本国にあるのを、時の政治家、指導者が、見ず、知らず、語らず、また求めず、……きのうは日本の身の上、きょうは朝鮮の身の上……この騒乱のすがたこそ、日蓮大聖人の仏法が東洋に広宣流布する兆なりと確信する……一国広宣流布の秋《とき》はいまなり。東洋広宣流布の兆はあらわれたり」と、日蓮正宗の信者を奮い立たせ、創価学会の闘士こそ、この先陣をきるべく、一国折伏の大旗をたてるのだ、と「折伏大行進」を高らかに宣言したのである。

昭和二十六年五月、戸田は会長に就任するが、それ以来七年間、法華経の方便品・寿量品講義を戸田はつづけた。

戸田は説く。

本迹二門・二十八品の中に説き示すところは、迹門は諸法実相に約して理の一念三千を説き、本門は因果国に約して事の一念三千を説くのであるが、末法の御本仏、日蓮大聖人の御立場から読む法華経は、本迹二門・二十八品ともに迹となり脱となる。しかして本門寿量品・文底下種の三大秘法が唯一の直達正観・事行の一念三千の正法となるのである。

これを釈尊滅後の教法流布の先後からみれば、正法時代の前五百年は小乗教、後五百年は権大乗教が流布し、像法時代に入って、天台大師が、玄義、文句、止観の三大部をのべて、あらゆる角度から法華経を解釈し弘通した。しかし、これを文上の理の一念三千であって真実の事行の一念三千の法華経ではなかった。

釈尊滅後二千年以後の末法に入り、日蓮大聖人が御出現あそばされて南無妙法蓮華経の大御本尊を御建立あそばされた。この大御本尊こそ日蓮大聖人の出世の御本懐であり、あらゆる諸仏諸経の能生の根源であらせられる。ゆえに、われらの信心し奉るは全くこの大御本尊にあり、決して法華経や方便品や寿量品を信心しているのではない。

しからば信心するわれらの修行はどうかといえば、正行には題目、助行に方便品・寿量品を読誦するのである。しかして方便品は所破・借文のため、寿量品は所破・所用のために読誦することになる。

なぜ方便品・寿量品を読誦するのかということに関して、戸田はこう説明する。

所破といいますのは、釈尊の仏法は末法の仏法でありませんから、全然役に立たないのであるという意味で、破折して読むのであります。借文といいますのは、この方便品の文を借りまして、日蓮大聖人の悟りの境涯、南無妙法蓮華経の御本尊の功徳をあらわすのであります。同じく寿量品を読みますのは、所破と所用という意味からであります。寿量品の文底には南無妙法蓮華経が秘し沈められておりますから、それを用いるのが所用であります。

（戸田『日蓮正宗方便品寿量品講義』）

会長推戴運動

昭和二十六年（一九五一）の正月に、戸田は「会長になるべき確証を得られた」と、当時の筆頭理事和泉覚は述べている。

「前に会長推戴の声があったが、こんどは会長になる腹がきまった。前に話しがあった事は忘れてはいない。だから今日話すのだ」と戸田は、みずから会長に就任する意志をもっていることを幹部たちに語った。

二月にはいって、東京建設信用組合の解散許可の内意が、大蔵省から通達されてきた。専務理事戸田の刑事責任は、ひとまず解除されたわけである。組合が解散してしまっては戸田の法的責任は問われないことになる。

刑事責任から逃れるために、戸田がどのような手をうったかは、池田の『人間革命』でもつまびらかにされていない。そこではただ、「日蓮大聖人の仏法のすごさ」と説明されているだけである。

三月二十八日の支部長会で、戸田は「ただ前進あるのみ」と幹部たちを叱咤激励した。

あの朝鮮の動乱をみよ。地獄の苦にあえぐ朝鮮民族を救うは、だれか。あすの日を知らず迷う東洋民族の、否、世界人類に、光明をあたえる力はないか。日蓮大聖人様のご慈悲をこうむらせる以外に、なにもないではないか。すなわち、広宣流布以外に、手はないのである。……不肖、戸田、……昨年末、ひとつは法華経の講義により大罪を受け、ひとつは王法ついに仏法に勝たずの二大現証により、いっそうの確信を得たり。いまはただ前進あるのみ、闘争あるのみ。もたもたしている弱卒にかかわっているときでない。弱者は去るべし。

戸田の会長就任の決意が、幹部たちに伝えられるとさっそく「会長推戴」の署名運動が戸田門下の幹部たちの手で開始された。

矢島周平・和泉覚・森田悌二・馬場勝種・柏原ヤス・原島宏治・辻武寿らの幹部が中心となり、青年部員によって署名運動は推進された。

署名の趣意書は、柏原ヤスが書いた。それは、

「我等つくづく考うるに〝生〟を濁悪の現世に受くるは広宣流布のためなり。戸田城聖先生は何物かを御つかみになったらしい。偉大な信仰の確信を得られたらしい。歩武堂堂と〝第一陣〟へ出られ〝やるぞ〟とお叫びになった。……〝万歳だ‼〟将軍が出現したのだ。会長なんだ。会長が出現したのだ。名誉ある二代の会長が。創価学会は進軍だ。第二代の会長を推戴するのだ。会賛成と両手を上げよ。そして手を下せ。推戴に署名せよ。一人ももれてはならぬ。未来の同志に恥を笑われるな。急げ署名せよ。進軍のラッパはもう鳴っているぞ」で終わっている。

当時の会員のほとんどが署名したといわれ、現在、創価学会本部に残されている「戸田会長推

戴賛意署名簿」によると、その数は約三千であるという。

しかしながら、戦前からの古い会員や、牧口の門下生たちは署名を拒否した。

戸田は、一時、号していた城正をふたたび、獄中で考え、出獄後に号した城聖という宗教家らしい名に改めた。戸田は、その死までこの名を用いた。

四月六日、支部の再編によって、戸田は組織の建て直しにとりかかった。

それまでの大小二十あまりの支部を改廃して、十二支部に改編し、これをA級（千世帯以上）、B級（五百世帯以上）、C級（五百世帯以下）に分けて、それぞれ支部長を任命したのである。

支部の下にはいくつかの地区が所属していたが、地区部長はおかず、支部役員としては支部長のほかに幹事と地区委員がおかれた。A、B、Cのグループにわけたのは、それぞれの級のなかで、競争させる目的があった。

当時の十二支部と支部長名はつぎの通りである。

A級　鶴見支部　森田悌二　　蒲田支部　小泉　隆
　　　小岩支部　和泉　覚　　杉並支部　柏原ヤス
B級　文京支部　原島宏治　　中野支部　神尾武雄
　　　築地支部　馬場勝種　　足立支部　藤田建吉
　　　志木支部　伊藤忠太郎
C級　本郷支部　笹木正信　　向島支部　星生祐道

城東支部　臼井正男

一ヵ月のちに東北の仙台支部と九州の八女支部がおかれ、計十四支部の体制ができあがった。

四月二十日、『聖教新聞』第一号が発刊された。

機関紙を発行する構想は、すでにこの年の二月ごろには、戸田の胸中にあった、初代の編集責任者には、入信まもない石田次男が起用された。

『聖教新聞』は、月三回の旬刊、ブランケット判二頁で発行されることがきまり、四月二十日、第一号の五千部が発行された。

新聞発行によるマス・コミュニケイションを利用しての布教方法は、戦前すでに大本（教）によって試みられたものである。戸田は、戦後の「大衆社会」の状況の下で、この意義をすばやくつかんだにちがいない。

「広宣流布の実弾」といわれ、のちには「広布のミサイル」といわれた『聖教新聞』は、これまでの宗教教団の機関紙の体裁や常識を一変させたものであった。

第一号の一面トップは、三鷹事件の竹内景助被告についての論文である。

竹内景助氏は、三鷹事件の首謀者として、共産党の花形として世間をにぎわした。

氏が第二審において死刑宣告をうけるや、一瞬、そう白な顔となり、首うなだれたと新聞紙は報道している。

同志九名は無罪で、自分一人が死刑の宣告をうけた。彼の心中は悲しむべきものがあるであろうが、しかし、主義に殉じ、かつ自己の行動に大確信があるなら、そんなにおどろくにあたらないはずである。悲しむべきではなかろう。むしろ、よろこぶべきではないか。肉体が一個の『物』であるという、彼らの考え方からすれば、なおさらではないか。しかるに、かれには、行動に絶対の確信がなかったのである。……かれは共産党の活動に、浮薄な確信で活動してきたにちがいない。さればこそ、死刑の宣告を聞いて、青くなるはずである。

くらべるも、もったいないことであるが、日蓮大聖人が由比ガ浜で、死に直面したときのあのおすがたは、崇高とも、極美とも、偉大とも申しあぐべきである。絶対の大確信でいらせられる。鶴ヶ岡八幡にむかい、『なにゆえに法華経の行者を守護せざるか』と諸神のおこたりをおしかりになり、また、『わが身を法華経にたてまつるは、フンをいれた袋と、黄金の袋と取りかえるものである』とおよろこびあり、『わが生命を法華経にたてまつった功徳を、弟子壇那にわけ与えるぞ』と、大慈悲をお示しになっておられる。

このように、行動の確信に天地の差があるのは、どこより生じたものだろうか。

一人は凡夫、一人はご本仏の差ではあるが、永遠の生命は自覚し、絶対の慈悲に立ち、『民衆を救う法これ以外になく、万代にわたって民衆を救う者われ一人である』との大確信によるものである。

すなわち、持つところの法の、偉大と卑小によるものである。……

いまや広宣流布の秋である。勇まなくてはならない。しかし自分の行動に絶対の確信のないものは、この大行進には、じゃまである。この絶対の確信はどこから生ずるか、御本尊を信じきることにある。

御本尊は大聖人の御命であり、われわれの生命であることを深く掘りさげて知るときに、この確信が出るのである。

（『聖教新聞』昭和二十六年四月二十日）

三鷹事件というのは、昭和二十四年（一九四九）中央線の三鷹駅で無人電車が暴走し、六人が死亡したという事件である。定員法の発動によって行政整理の第一歩として、三万名をこえる国鉄の第一次首切りが発表され、下山国鉄総裁が死体となって発見されたという下山事件が発生し、六万三千人におよぶ国鉄の第二次首切りが通告された直後のことである。事件の三十分後には、共産党の計画的暴行だという報道がひろげられ、共産党員や左翼的な組合員が、つぎつぎに逮捕された。

この三鷹事件が共産党とはなんの関係もなかったことは、控訴審における無罪判決の理由からだけでも、今では明らかになっている。

この「妙法をたもつものの信念と、左翼思想をもつものの信念との対比」（池田大作）をした論文は戸田の執筆になるものであった。戸田はまた、第一号から小説『人間革命』の連載をはじめた。

妙悟空のペンネームで書きつづけられたこの小説は、戸田自身の自伝的小説であるが、前半はわずかに小説の体裁をとっているが、後半はほとんど戸田の獄中での体験を中心とした自伝に近かった。のちに、この『人間革命』は、昭和三十二年七月に清文館書店から単行本として出版されたが、その内容は、『聖教新聞』連載のものとは、かなり食いちがいを見せている。分量も後者が増加しているから、おそらく単行本になる段階で、市販にたえうるように専門作家の手で改作されたものと思われる。

「人間革命」という言葉は、そもそも戦後、東京大学総長南原繁が卒業式の演説で述べた言葉であった。昭和二十二年（一九四七）の九月の東大卒業式で、南原は、「人間革命と第二産業革命」と題する講演を行ない、敗戦後の混乱のなかで、人間そのものの革命、「人間革命」が成しとげられねばならないと説いた。戸田は、さっそくこの言葉を借用したわけである。

昭和二十六年（一九五一）五月三日、東京向島の言問橋の近くにある日蓮正宗常泉寺において、戸田城聖の創価学会会長推戴式が、千五百人の会員の参集のもとに行なわれた。

戸田は、席上、会長就任の決意をつぎのように述べた。

故牧口先生の後、不肖、わたくし、会長の任にあらざれども、ふり返りみるに、学会と立正交成会は同じく正と邪の道を開き、しかも、いまだかれら邪宗をつぶすにいたらず。このまま便々としては、大御本尊様よりお叱りあることをおそる。

ここに、不思議のことありて、大確信を得、会長就任の決意を固めたしだいである。大聖、宗旨で建立の後、立正安国論をおしたためあって七百年、大陸は中共勢力の席巻するところとなり、朝鮮に世界の兵力集まっての戦乱である。

このとき、手をこまねいて見すごすならば、霊鷲山会にて、いかなるお叱りあるべきか。しかれば、無間地獄疑いなし、こんご、どしどし無理な注文を出すことと思うが、ぜひ、通していただきたい。

（『戸田城聖先生論文集』）

席上、戸田は、「私が生きている間に七十五万世帯の折伏は私の手でいたします。……もし私のこの願いが、生きている間に達成できなかったならば、私の葬式は出して下さるな。遺骸は品川の沖に投げ捨てなさい！　よろしいか！」と述べた。

しかしながら、この日の模様をくわしく報じた『聖教新聞』第三号の、どこにも戸田のこの言葉は記されていない。

会長推戴式が終わると、新しい組織機構と人事が発表された。

それによると、理事長は空席のまま、理事七人がおかれ、和泉覚を筆頭理事に、柏原・森田・馬場・小泉・原島・辻の六人である。指導監査部長に矢島、財務部長和泉、講義部長原島、指導部長柏原、婦人部長和泉美代、青年部長 辻、男子部長 牛田寛、女子部長 小島栄子、企画部長原島、秘書室石田次男の構成である。

講義部は、教授四名、助教授四名、講師八名、助師十名の計二十六名の講義部員からなっていた。

「会長先生は何ものかをおつかみになったらしい」――たしかに、人生の辛酸をなめつくし、「戦国乱世」の事業家として独特の鋭いカンを身につけていた戸田は、朝鮮戦争が激化し、講和条約の成立による日本の占領状態の終結が具体的な日程にのぼってきたこの時点で、全力をあげて賭《か》けるべきなにものかをつかんでいたのであろう。

会長就任後、こののち七年間、戸田は創価学会を率い、日本にかつてなかった宗教運動を組織することに成功したのであった。

折伏のたたかい

朝鮮戦争は依然としてつづいていた。

この年の『大白蓮華』の五月号に、戸田は「朝鮮動乱と広宣流布」という一文を発表している。三十八度線を中心にした朝鮮の戦争は、共産軍と国連軍の闘争である。

戦争の勝敗、政策、思想の是非を吾人は論ずるものではないが、この戦争によって、夫をうしない、妻をなくし、子を求め、親をさがす民衆が多くおりはしないかと、なげくものである。

きのうまでの財産をうしなって、路頭にまよって、にわかに死んだものもあるであろう。なんのために死なねばならぬかを知らずに死んでいった若者もあるであろう。『私はなにも悪いことをしない』とさけんで殺されていった老姿もいるにちがいない。親とか兄弟とかいう種類の縁者が、世のなかにいるのかと不思議がる子どもの群れも、できているにちがいない。着のみ着のままが、人生のふつうの生活だと思いこむようになった主婦も少なくあるまい。昔、食べた米のごはんを夢みておどろく老人がいないであろうか。
かれらのなかには、共産思想が何で、国連軍がなんできたかも知らない者が多くなかろうか。『お前はどっちの味方だ』と聞かれて、おどろいた顔をして、『ごはんの味方で、家のある方につきます』と、平気で答える者がなかろうか。

戸田の思いは、朝鮮の民衆の悲惨のうえにそそがれている。しかし同時に、戦争によって「夫をうしない」、「きのうまでの財産をうしない」、「着のみ着のままが」、人生のふつうの生活だと思いこむようになった主婦」の姿こそ、また日本の民衆の現実の姿でもあった。

当時、朝鮮戦争の「真相」は、占領下のきびしい検閲のもとでまだその悲惨な模様だけが知らされるにすぎなかった。

雑誌『平和』(昭和二十七年第五号)が、「朝鮮戦争の真相」を特集したのは、翌年の六月であった。

なぜ、朝鮮民族は、こうした悲惨な生活を送らなければならないのか。「だれが悪いのだろうか」、戸田は『立正安国論』をひいて、「これみな、仏の金字にそむいて仏をまつらないところから出来《しゅったい》したものである。邪宗教、低級仏教によって、仏の真意にそむく仏罰である」と説いた。

「全国大折伏」の決意を固め、会長に就任した戸田は、五月十二日、向島の常泉寺を訪ね、同寺の堀米日淳を通じて、大御本尊の下賜を日蓮正宗第六十四世法主の水谷日昇に願い出た。

五月二十日、大石寺宗務院において水谷日昇から、戸田に本尊の下賜があった。原島・小泉・柏原ら、四十名の幹部が席に列なった。

本尊の向かって右に「大法弘通慈折広宣流大願成就」とあり、左には「創価学会常住」としたためてある、いわゆる「常住本尊」である。

「そんなにやる気がないのなら、折伏なんかするのやめちまえ。明日から、御本尊の功徳のあることを書いた紙をつけた、百頭の犬を、東京中に放って、おれ一人で折伏するから」（『大白蓮華』九十九号）。「折伏大行進」の号令をかけたものの、折伏の結果がパッとしないことに腹をたてた戸田は、こんなせりふで幹部たちをしかりつけたことがある。

六月にはいり、組織の大綱も定まってきた。当時の組織図をつぎにかかげる。

「折伏大行進」にあたって、戸田は異分子の排除をはかった。

『聖教新聞』（昭和二十六年六月十日）は、監査の対象となるものをつぎのようにかかげている。「学会の手で産れた信者でありながら折伏精神を会得せず折伏形態に外れ、便乗的に学会を利用して自分の立場を保たうとする不純分子」「所属を明らかにせず座談会に本部に出没するあやしげな行動を取る者」「退転した古い学会人が学会再建の姿に驚いて再び学会人の様な顔をして来る者」。これに該当する者としてさっそく十名近くの除名処分者の氏名が公表された。戸田は、こののちも、「異安心」の発生をふせぎ、「分派」的な活動の余地を残さないために、きびしい監査の眼を光らし、役職解任、除名などの処分を断行した。

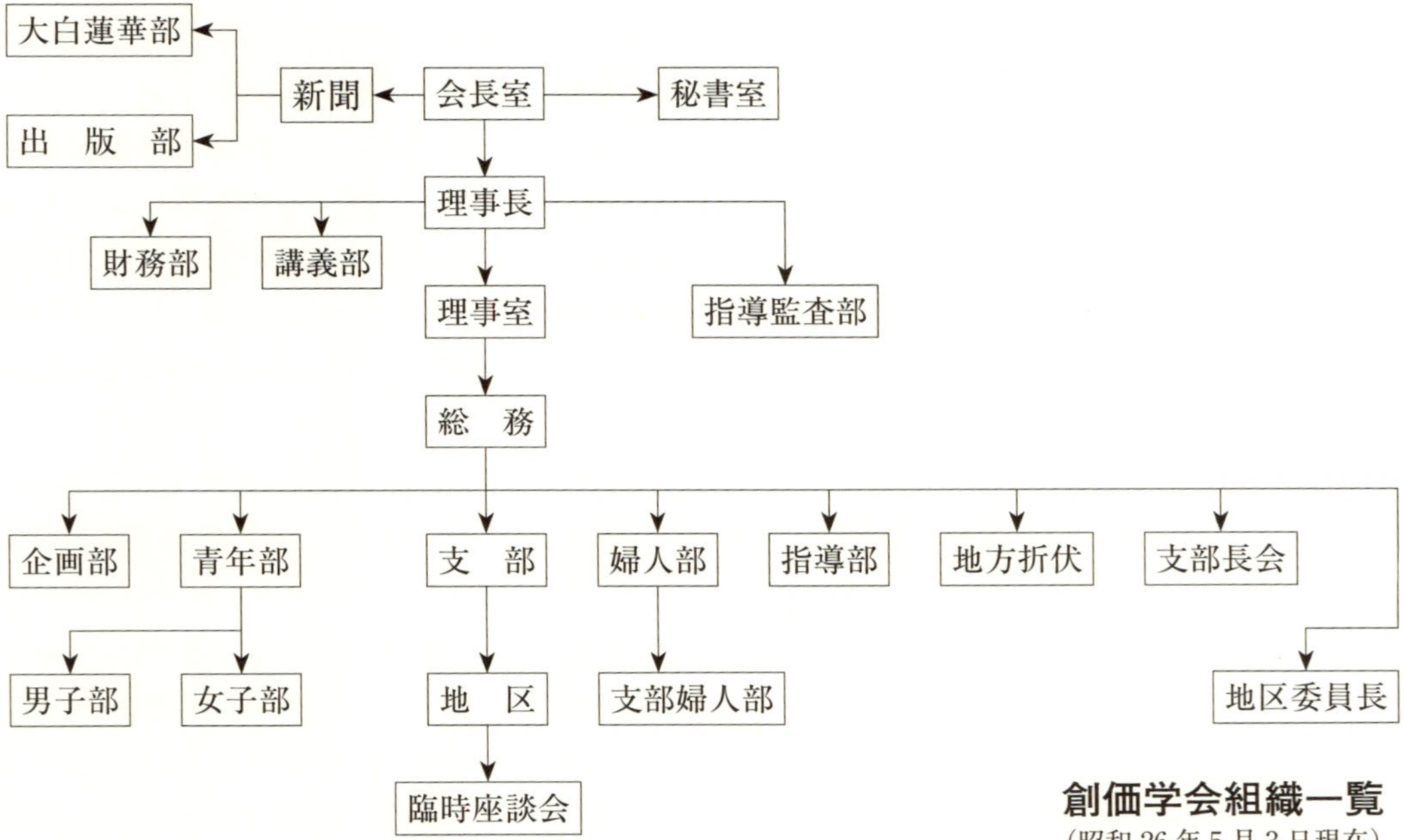

創価学会組織一覧
（昭和 26 年 5 月 3 日現在）

こうした人事の任命、処分等は、すべて戸田の最終判断をまって行なわれた。「折伏の師匠」であることは、同時に組織の全権限をにぎることであり、一切の権力が会長に集中することでもあった。したがってそこには民主的な組織原則は介在しない。池田大作が『人間革命』（第三巻）で、つぎのように述べていることは興味深い。これは青年部において、民主的なルールで役員を選出したときの戸田の反応である。同時に、池田に逆投影されるものでもある。

戸田は翌日、幹部から委細を聞き、彼等が選挙によって役員を選出したことを知ると、堅い表情になった。……

彼は一瞬、怒気をふくんだ厳しい表情になった。そして、なにか言いかけようとして、また口を噤んでしまったのである。数人の青年幹部は、ヒヤリとして、かしこまってしまった。気づまりな沈黙がつづいた。……世をあげて、民主主義を口癖のように叫んでいた時代である。青年たちのこの行動も、当然なこととも考えられよう。しかし、戸田の王仏冥合という大業に基づく組識論は、彼等青年たちの理解力をはるかに、越えたものであった。……

戸田は『大白蓮華』（十五号）で「折伏論」を展開している。

戸田はまず、「仏教上、仏と称せらるる方は、かず限りなくおられるが、その、かず限りない仏は『時』と『所』と『衆生』とに応じて、一人一人で出現になることになっている。けっして一度に二人の仏は出現にならないのである。釈迦はいまから三千年前にインドにご出現になって、インド、中国、朝鮮、日本と二千年の間、利益を、これらの国々の衆生にお与えになったのである」

このように番々の成道といって、仏にも、「当番制」のようなものがあると説く戸田は、今日の末法の時代には釈迦仏は、もはや法力、仏力をもたず、それは死んだ法であるとする。

では、末法の仏はだれかというと、日蓮大聖人の『南無妙法蓮華経』であり、末法の衆生は、大聖人によって救われなければ、救われようがなく、「釈迦も、達磨も、阿弥陀仏も、弘法も、観音も、みな釈迦仏に縁をひいているから、今日ではなんの役にもたたない」。役にたたないだけでなく、「これらを信仰する者はみな不幸となる」と主張するところに、「宗祖本仏論」から発展した戸田の主張の独自性が生まれてくる。

邪宗の本尊は不幸の根源となり、この（日蓮）正宗の大御本尊は、いっさいの幸福の根源である。……

であるがゆえに、その信者となったわれわれは、また大聖人の決心を心として、この世を不幸にする邪宗をほろぼし、この尊い純粋無垢な大聖人の教えそのままな、功徳ある『南無妙法蓮華経』を一人にでも知らせたいと心がけなくてはならない……

この理にしたがって、世のため人のために富士大石寺にいます『大御本尊』を一人にでも多くさずけたいと努力するのが、すなわち折伏というのである。……

折伏せんとする相手は無知な者で、……かれらと同格の位置について諍論すべきではない。……そのうえ反対するなら、師子王の力をもって屈服せしめなくてはならない。

さて資金繰りに追われ、債権者に追求される没落した事業家の立場からはなれ、いっさいを折伏活動とその組織づくりに没頭できることになった戸田のこのころの日常は、かなり活気にあふれたものであったらしい。かれが顧問となっている大蔵商事は、六月にはいると市ケ谷に移ったが、戸田はそこを分室と称していた。

いっぽうでは、幹部たちにはげしい折伏への叱咤をとばしながら、本部の婦人部委員五十名あまりが戸田をかこんで第一回の会合をひらいた際に、戸田は全員をフランス料理に招待するといった心のくばり様を示している。

新宿のグリルでひらかれたこの会合で、戸田は、女性の力は偉大であり、学会の発展に活動する姿をみても、女性のほうが常に男性より一歩前進している、学会の新しい組織をいっそう強固なものにする力は、婦人の力であることを自覚してほしい、といった趣旨のスピーチをしている。

戸田はこの席で、

白ゆりの香りも高き集いかな
心の清き友どちなれば

と歌って、婦人たちをはげました。

東洋広布の旗をかかげて

七月十一日、男子青年部の新部隊結成式が折から降りしきる梅雨の夜、西神田の本部で行なわれた。集まってきた百十余名の青年部員を前に、辻青年部長は青年部結成の意義を述べ、その使命の重大さを語り、牛田寛男子部長によって新組織（部員数百八十七名）の発表が行なわれた。組織は軍隊式に部隊編成をとり、四つの部隊には班がおかれ、それぞれ部隊長、班長が任命された。部隊長は戸田が選んだ。四個部隊の部隊長はつぎの通りである。

第一部隊長　石田次男　（小岩・向島・城東支部）
第二部隊長　岩本他見男　（足立・文京・志木・本郷・築地支部）
第三部隊長　森田一哉　（鶴見支部）
第四部隊長　竜　年光　（蒲田・杉並・中野支部）

四人の新部隊長は、演壇に立っていずれも広宣流布の尖兵として、学会の根幹として、かならずや宗教革命を果たさんと絶叫した。こうした青年たちに、戸田は大きな期待をよせて、「きょう、集まられた諸君のなかから、必ずや、つぎの学会会長が、現われるであろう。必ず、このな

かにおられることと信ずる」と述べた、

男子部につづいて、七月十九日、女子青年部の部隊結成式が、おなじ西神田学会本部の二階で行なわれた。小島栄子女子部長のもとに約九十名が五部隊に編成された。

第一部隊長　浦　純子
第二部隊長　山浦千鶴子
第三部隊長　坂本弘子
第四部隊長　樋口トシ子
第五部隊長　高島秀子

彼女らは、やがて戸田の胆煎りによって男子部の幹部と結婚することになる。高島秀子は森田一哉と、小島栄子は石田次男、坂本弘子は北条浩というぐあいに。

男女青年部は会長直属の行動組織として、創価学会の発展に大きな働きをしめしたが、とりわけ折伏活動、「邪宗」攻撃の中心戦力として、活躍をはじめた。

九月二十八日、戸田は青年部班長へ告示をくだし、つぎのように青年たちをはげました。

新しき世紀を創るは、青年の熱と力である。……釈迦教団の中心人物たる舎利弗にせよ、阿難にせよ、みな若き学徒であった。日蓮大聖人の門下も、また、みな若き学徒によって、固められていたのである。……吾人らは、この偉大なる青年学徒の教団を尊仰し、同じく最高唯一の宗教に従って、人間苦の解決、真の幸福生活確立、日本民族の真の平和、苦に没在せる東洋の浄土化を、弘宣せんとする者である。

諸兄らは、この偉大なる過去の青年学徒群と、同じ目的、同じ道程にあることを自覚し、これに劣らぬ覚悟がなくてはならぬ。

奮起せよ！　青年諸氏よ。

闘おうではないか！　青年諸氏よ。

（『聖教新聞』昭和二十六年十月一日）

九月八日、日本は、対日講和条約と日米安全保障条約に調印した。雑誌『世界』の十月号「講和問題」特集号は、全面講和を主張して、知識人・青年学生に反響をよんでいたが、世論は大きく割れていた、共産党は、十月の第五回全国協議会で、いわゆる「新綱領」を採択し、武装闘争方針を具体化しつつあった。

朝鮮休戦会談は、七月十日から開城でひらかれていたが、戦闘はいぜんとして継続していた。新中国の周恩来は、中国不参加の対日講和条約は、非合法で無効であると声明を発表した。

こうした日本をめぐるアジアの情勢の緊迫化のなかで、戸田は「日本民族の真の平和、東洋の浄土化」の闘いを宣言したのである。しかし戸田には、朝鮮戦争の危機感をあおることはあっても、具体的な平和運動が考えられていたのではない。

この年の七月、総評と宗教者平和運動協議会などは、提携して平和推進国民会議を結成したし、八月にはキリスト者平和の会は、講和条約批准反対の声明を発表していた。

また、新中国にたいする現状認識も、戸田には欠落していた。

昭和二十六年十一月二十日付の『聖教新聞』は、一面トップで、「無宗教国の実態を見る」という見出しで、「革命後の中国の様相」を論評している。この時期における創価学会の新中国観を示している唯一の具体的な資料である。

隣の中国は共産政権の支配する処となっているが、すでに千年以上も前から中国には仏法が滅尽して居り、……年を経るに従って邪宗教の氾濫を見て現在に至って居る。……日蓮大聖人は「人仏教を壊《やぶ》らば——若し出て人と為らば兵奴の果報は響の如く影の如し、人の夜書するに火滅するとも字は存するが如く三界の果報も亦復是の如し」との仁王経の文を立正安国論に御示し下されてある。……

（したがって、中国は）国共戦から朝鮮戦と対日戦がすんでも兵奴の果報は限りなく、窮極の処迄行って初めて仏教に救いを求める気運が成熟して行く逆縁国家ではある。この気運完成と日本一国の広布と同時期であろう。……

このように中国の革命運動の歴史と現実を、「兵奴の果報」の連続とみる立場からは、中国の解放された民衆の姿も、「血で血を洗う粛清」や「人民の生活は一切政府の意志で決定されている」とみて、「この状態は、戦争末期の日本より深刻なものがあり、仏法から見て正しく修羅の国土、地獄化した人々である」ということになる。

『御書』と『折伏教典』

「本尊」奉戴式の臨時総会が、七月二十二日、市ケ谷の家政学院の講堂で行なわれた。戸田は、席上、「日蓮門下七百年の願望は、日興上人様にたまわった一期弘法御書のごとく、本門寺の建立であるが、……今の如き弱少の日蓮正宗教団に戒壇が立ったとしたら一国謗法で、大御本尊様のありがたさを知らず、一個の名物がふえた程度で、邪宗の札の如く御本尊を粗末に扱う時起る難はどんなものであろうか」と述べた。

戸田は、すでに会長就任の挨拶で、国立戒壇については、ひとりひとりが国中を折伏して、すべての日本人が御本尊様を持ってこそ、はじめて国立戒壇が可能になるのだと述べていた。

この臨時総会で注目されることは、日蓮の遺文集の編纂が決定されたことである。日蓮の遺文集は、これまでも各種のものが編纂、出版されているが、創価学会では、日蓮正宗版の決定版をつくろうとしたのである。これはまた、経済的には窮迫していた戸田の起死回生とでもいうべき最後の賭けでもあった。

編纂を日蓮正宗の長老で近代最後の学匠といわれ、伊豆の畑毛に隠退していた堀日亨に依頼した戸田は、本山に出版の援助をたのんだ。しかし、本山はこれを拒否した。「日蓮正宗内に於てこの大事業完成の力なく今度の学会の奮起となった」と『聖教新聞』（昭和二十六年八月一日）は伝えているが、本山の後援拒否は、戸田を怒り狂わせた。「御山でゴシュ（御酒）は作っても、ゴショ（御書）を作れぬ坊主が居るってね」「御書を忘れる坊主はいるが、信者の顔は忘れない」と、『聖教新聞』（昭和二十六年七月二十日）の「寸鉄」欄で、戸田は本山を皮肉っている。

出版費用として六百万円が見積もられ、そのため千二百円の予約金が全額前払いで集められることになった。当時の会員数約五千名である。

「御書は作ると決めたら作っちまうんだ、借金しても千二百円用意しろ」「お前は打出の小槌を持ってるんだろ、借金位がなんだ、頸が廻らなかったら御本尊様をおがめ」（『聖教新聞』昭和二十六年八月一日）。

こうして集められた資金をもとに、堀日亨の校訂になる原稿―ゲラ刷りを戸田のもとで、矢島周平をふくむ二十名の幹部たちが、昼夜兼行の校正作業をおこなった結果、『日蓮大聖人御書全集』Ｂ６判、千七百頁一巻は、翌昭和二十七年四月、立宗七百年記念祭の前夜、完成した。企画以来十ヵ月という短時日に完成したことは、まず編纂のうえでは、「堀日亨上人猊下の六十有余年のご研究がものをいって、蚕が糸をはくように、堀上人猊下のこ脳裏から、すらすらと、半年間に御遺文があらわれ出た」ことにあるとしても、資金面、校正面で、創価学会の総力をあげての努力の傾注があったことは否定できない。戸田は、「二十年有余の出版業の経験が、この御書一さつを作るために、過去になされたのであったということを痛感したときに、ただただ自分の生きてきた道を不思議に思う」（『論文集』）と述懐している。

『御書』の完成は、創価学会の日蓮正宗にたいする主導権の確立に大きく一歩近づけたといえよう。同時に、『御書』を中心に、教学面の強化がはかられ、従来の法華経の講義に代わって、『御書』を中心に日寛の『六巻抄』の講義とあわせて、日蓮正宗教学をいっそう会員に浸透させる有力な手がかりがつかめたわけである。

教学イデオロギーのうえで画期をなした『御書』の完成とともに、教学の組織面で戸田は大きな改変を行なった。会長就任と同時に発表された新組織で、原島宏治を部長とする講義部がもうけられたが、その部員に有力な指導的幹部を配置し、教授、助教授、講師、助師の四段階の階級制をとったのである。教授には矢島・小平・柏原・辻の四名、助教授は原島・和泉（夫人）・牛田・小島の四名、講師は和泉・森田（一）・神尾・石田・小泉・竜の六名であり、助師には、浦・坂本・高島・池田・中西らが任命された。

講義部は、九月一日、教学部と名称を変更し、新しい講義課程が発表された。その後の創価学会の発展を保証した教学・理論面での組織づくりである。

九月一日、それまでの創価学会講義部の名称を創価学会教学部と変更が行なわれ、それにともなって新しい講義課程の発表があり、ここに創価学会独自の教育制度が確立された。

それまでの会内の教育は、一週三回の本部講義、月一〜二回の支部講義、地区講義、男女青年部、壮年部が二回づつ講義という形であったが、九月からの新制度では、まず講義受講者の資格を、初歩の一級から最高の五級までの五段階に分けた。
一級　学会本部で毎週水曜日に戸田城聖が法華経の方便品と寿量品を講義する。これは一カ月で修了し、修了証書を授与されたものは、つぎの二級の講義をうける。
二級　『折伏教典』（当時、作製中だった）を各支部長が支部の地区委員に講義し、つぎにその地区委員が自分の地区の地区員に教育する。この講義を完全に受けたものは二級修了の証書を授与される。
三級　A級とB級にわかれる。
A級　日蓮の遺文のなかから一般的なもの五十鈔以上を支部講義、地区講義で、出張してくる教学部員から聴講する。修了者は修了証書を与えられてB級の講義をうける。
B級　日蓮の著作のなかで五大部といわれる観心本尊鈔・開目鈔・立正安国論・撰時鈔・報恩鈔の講義。
四級　日寛の著作である六巻抄の講義を戸田が本部で毎月第二、第四月曜日に行なう。
五級　日寛の著作である文段（観心本尊鈔・開目鈔・当体義鈔）を戸田が認定したものに講義する。
この教学部の確立は、創価学会が宗門から独立した独自の教義解釈権をうちたてたことを意味した。日蓮正宗内部に、これに強く反発する声がでたのは当然であった。法主水谷日昇は、九月に「訓諭」を示したが、そこには、「或者は僧を軽侮する風潮すら萠せるを感ぜられる事は慨歎を禁じ得ないのである」という一文があった。戸田は、ただちに『聖教新聞』紙上で談話を発表し、「特に宗徒として最も厳戒せねばならぬ点でありながら御心痛を頂いた事に付いて各人深く己れの謗法の有無をかえり見ねばならぬ所であり」「此度の御訓諭のままに僧俗一致の誠を尽すべき事を御誓い申上げる」と詫びた。

だが折伏活動は、いよいよ激しさをましていった。各地での他宗との衝突には、警官に拘引される事件も頻発した。戸田は、その指導方針に一致しなかった戦前派の中心人物矢島周平を「静養」の名目で監査部長から解任し、後任に信頼のあつい柏原を兼任させた。

「学会の実弾」といわれた『折伏教典』が完成したのは、この年の十一月であった。

『折伏教典』編纂の構想は、すでに早くから戸田のなかにあった。戸田は、当時の教学部員の講師以上の全員に、それぞれの部分を担当させて、執筆を命じていた。

『折伏教典』の第一章は「生命論」であるが、この章は、石田次男の執筆になる。戸田の生命論によりながら、「生命の本質は自分自身で体得することに依ってのみ真に解明し得るのであるから、この南無妙法蓮華経の大御本尊を拝して題目を唱え、仏勅のままに折伏行に励んだ時におのれの生命の本質を証得し得ることである」と結論したものであった。

『折伏教典』の再版が発行された昭和三十三年六月、すなわち戸田城聖の死去直後の再版本では、この第一章の石田次男執筆の生命論は、戸田の生命論におきかえられて、以後三版（昭和三十六年五月)、四版(昭和三十九年五月)でも戸田論文となっている。

第二章には「価値論」がおかれている。やがて、この「価値論」は四版以後は、最終章にまわされているが、当時はまだ「価値論」は大きな比重をしめていたといえよう。

つぎに「十界論」で前世などを説明してから、「人生の目的と幸福論」では、横浜桜木町の国電事故を引きながら説き、「末法の民衆と日蓮大聖人との関係」で、日蓮本仏論を説き、宗教批判の原理」とつづく。ついで、「日蓮正宗と日蓮宗各派の批判」「日蓮正宗の歴史」とつづくのであるが、ここで本尊の功徳と罰が説かれる。

第一部の結びは「折伏論」でまとめている。

「折伏論」では「大本尊を確く信じ奉って折伏を行ずるのが本当の信心である」とその意義を説き、それは難事で「折伏を行ずると必ず悪口され憎まれ嫌われる」が、これこそ過去の罪を消し宿命を転換する道だ、と強調する。

折伏の心掛は「厳父の慈悲」で、「高位の我々は無信邪信劣信のものと同格の境地にならぬ様心掛けねばならぬ」「彼の無信の者、邪信の者に対して」は、罰と利益をもって、実証をあげてよく説き聞かせ、「大法の威力を示さなくてはならぬ」と教える。

以上の総論につづいて、各論にはいると、「信仰に無関心な者に」「信仰に反対の者に」「他の信仰に関心を持つ者に」「求めている者に」「正宗の信者に」と、それぞれ分類して、適当な論法を加えている。例えば、信仰に反対のものが、そんなよい信仰ならもっと弘まる筈だと、反論してきたら、「大体此の様な事を云う者は頭が狂っている」、「大悪を退治し得る宗教は正宗以外にないのであるから、正宗こそ大善であり反対すれば大悪となり大罰あるは当然である」とおどす。

最後に「邪宗教の正体」として、天理教・世界救世教・PL教団・霊友会・立正交成会・孝道教団・日本神道・キリスト教を批判している（他の仏教各派については、総論の「宗教批判の原理」と「日蓮正宗と日蓮宗各派の批判」の章であげている）。

たとえば、神道を例にあげれば、「神道は正しい仏法の流布をさまたげる故に神社及び神礼には悪鬼神の働きが躍動して、個人と社会を毒するものであり、撲滅しなければならぬ邪宗教である」と説く。

ここから「悪いものと知ったならば邪魔の入らぬ内に至急に取り払い焼きすてることが大事である」ということになる。

『折伏教典』は、折伏活動の「虎の巻」として、多くの会員から歓迎された。当時、柏原指導部長が、刊行されたばかりの『折伏教典』を青年部の幹部に持たせて、仙台におもむいたところ、仙台の幹部たちは、その本を手にしてこおどりして喜び、三日二晩ぶっとおしで、伯原の『折伏教典』の講義を開き、食事の時間にも帰らずに、にぎりメシをかじりながら、とうとう一冊の講義をはじめから終わりまで、やってしまったという。

折伏の師匠

十一月四日、市ケ谷家政女学院講堂で、第六回創価学会総会が開催されたが、席上、戸田は、文永五年の日蓮の北条時宗への書簡をひいて、学会の目的をつぎのように述べた。

学会はいま、大聖人の命をうけて、弘安二年十月十二日にお顕しになられた一閻浮提総与の御本尊を日本に流布せんことを誓う。これ第一条であります。

第二は、東洋への広宣流布であります。……南無妙法蓮華経は、日本国より、朝鮮・支那・印度へと必ず渡るとの予言であります。……大聖人様の予言を果す仏の弟子として、東洋への広宣流布を誓う。これ第二の目的であります。

第三に、正宗本山を始として、全国百五十有余の末寺に至るまで荒れ果てなんとしている現状であります。これは旧信者が題目のみを唱えて折伏をせず本尊流布をしない故であります。然らば学会は如何、総本山との交流をはかり、〝日蓮正宗日本に在り〟と仏法界に示すこと、即ち学会魂で以上の三箇条を遂行するのが私の目的であり学会一同の願いなのであります。

この第六回総会に先だって、十月、戸田は宗教法人法による宗教法人として創価学会を東京都に届け出て、東京都知事（安井誠一郎）の認証をえて、地方（東京）宗教法人となり、十一月一日、『聖教新聞』紙上にその設立公告を掲載した。

宗教法人「創価学会」の主管者は戸田城聖であり、その「規則」によれば、法人の「目的」には、「第三条　日蓮大聖人の一閻浮提総与の大曼陀羅を本尊とし、かたわら日蓮正宗の教旨をひろめ、儀式行事を行い、信者を教化育成し、その他正法興隆・衆生済度の聖業に精進するための業務及びその他の事業を行うことを目的とする」とある。

代表役員（責任役員の互選）は戸田城聖、責任役員は筆頭理事の和泉覚以下、つぎの理事たちであった。

柏原ヤス・小泉隆・原島宏治・辻武寿・馬場勝種・森田悌二。

戸田は、はじめ文部省宗務課に登録することを計画したが、文部省が承認しなかったので、地方宗教法人として法人格を得たといわれている。

戦後、信教の自由の実現によって、宗教統制の武器であった宗教団体法は廃止され、敗戦の年の十二月、宗教法人令が制定された。

昭和二十六年四月、宗教法人令に代わって宗教法人法が公布施行された。宗教法人法により、宗教団体のうち、二都道府県以上にわたる組織をもつ団体は、文部大臣の認証をうけて宗教法人（包括団体）に、その他は都道府県知事の認証で地方宗教法人になることができることとなった。

戸田は、地方宗教法人として創価学会を日蓮正宗から独立した宗教法人とした。

のちに、池田大作はその著作『人間革命』第五巻で、創価学会が宗教法人法にもとづく宗教団体となったのは、「あらゆる角度から検討が加えられ、総本山とも連繋をとりつつ決定されたもの」だといい、「日蓮正宗の信徒の団体が、新たに宗教法人を設立することに対して、外部から疑問をさしはさむような批判があった」と述べている。

しかし、「批判」は「外部」からあったのではない。実にそれは日蓮正宗の総本山そのものから起こったのである。

昭和二十六年十二月十三日、宗務院から庶務部長細井日達の名により、大講頭戸田城聖にたいして、「貴殿外数名の公告にかかる宗教法人並びに其の他について、了承いたしたき儀がありますから来る十二月十八日午後二時宗務院へ御登院下さい」という、登山命令が出されたのである。

戸田は病苦をおして、和泉夫人・柏原ヤスをともなって、指定通りに宗務院へ登院した。本山からは、細井・早瀬・野瀬・落合らの僧侶が出席していたが、戸田はそこでつぎのように、宗教法人設立の趣旨を述べたという。「我々の折伏活動が全国的活動となり、邪宗との決戦に至る時の大難を予想し、本山を守護し諸難を会長の一身に受けるの覚悟に外ならないということ。二つには将来の折伏活動の便宜の上から宗教法人でなければならない」（『聖教新聞』昭和二十六年十二月二十日）

これに対して、宗務院は、「一、折伏した人は信徒として各寺院に所属させること。二、当山の教義を守ること。三、三宝（仏・法・僧）を守ること」の三箇条を示して、戸田にその遵守を誓わせた。

池田は、右の事実を故意に伏せている。

当時、日蓮正宗の信徒はいうまでもなく、創価学会の古い会員のなかにも、戸田の行きかたに不安を感じている層が、少なからず存在していた。

翌二十七年二月十日の江東総支部の総会で、戸田は、「折伏は戸田が師匠である」と強調し、これをうけて柏原ヤスが、つぎのように述べた。「信心の師匠は御寺の御坊さんでありますが、しかし折伏の師匠は戸田先生以外に絶対にあり得ない……生ぬるい考えで学会の中をウロウロしていれば断固処分せねばならぬ」（『聖教新聞』昭和二十七年二月二十日）

もうかる宗教——現世利益

「折伏大行進」の理論的整備を急いだ戸田は、「宗教批判の原理」につづいて、『大白蓮華』誌にこの年「大利益論」を発表した。戸田は、法華経の譬喩品や寿量品の自我偈をひいて、「わがこの娑婆界は安穏、平和のところでなければならない。原子爆弾がとんだり、爆弾が飛行機からふったりしてはならないのである。人殺しだの、餓死だのということが、妙法流布の世界にはあってはならない。資本家のさく取だとか、また、赤旗をたてて労働争議だとか、住む家がなくて八畳間に三家族だとか、なんどのことはありえない。また家庭においても、親子げんか、夫婦げんか、生活苦なんどはないというお約束なのだ」と説いた。またつづいて、「妙法蓮華経を信ずる者、かならず物質的な幸福をえて、生活にこまることはない。御本尊を信じ、折伏に精進するならば、バカがりこうになる大功徳がある。肉体においても健康であって、りっぱにして、きりようよくなる。大御本尊を信ずれば病気がなおる。また事実として純真なる信心をする者は、その人相が、たいへんよくなっているのである」と説くのである。

法華経の観世音菩薩普門品第二十五は、観世音菩薩の名を唱えることによって、火難・水難・羅刹《らさつ》難・王難・鬼難・伽鎖《かさ》難・怨賊《おんぞく》難という七難が消滅すると説き、また貪欲《どんよく》・瞋恚《しし》・愚痴《ぐち》の三毒を除くことができると説いている。

戸田は、この観音品をかみくだいてつぎのように説いた。

大いに事業商売をして、金儲けをしようとするときに、災難が起こる。そのとき、御本尊様を頼りまいらせると、その災難をのがれることができる。

相手がひどいめにあわせてやろうと考えたり、また、大きな損が起こってくるような場合、反対に、相手がひどいめにあうようになったり、損が得になったりする。

煩悩および病気の苦しみにあうときに、御本尊様を信ずるならば、煩悩も悟りとなり、病魔もこれをおかしきることができない。

ガケから落ちたり、乗り物の事故にぶつかったりするとき、御本尊様を信じているときは、けがをしないですむ。

自分の職業の位置から落とされようとしたとき、御本尊様を信じている者は、逆に相手がやめなくてはならなくなったりして、落とされないですむ。

相手がにくんだり、害を加えたりするときに、信心が強いと、相手の心が変わってしまう。

死刑にならなければならぬような運命も、信心の強き者は死刑にならなくてすむ。

牢獄へはいらなければならない宿命の者でも、信心の強い者ははいらないで、かえされてくる。

毒薬を飲まされようとしたり、悪口を言われたりすれば、かえって相手が悪口を言ったようなめにあったり、毒薬を飲まされたりする。(「還著於本人」)

大アラシのときでも、信心の強い者は、その害を受けなくてすむ。


そこで、「末法今日、文底の法華経において文上の法華経を文証にし、また仏の約束とすることができるかどうかということを考える者もあるであろうが、文底の顕本があらわれ終われば、いっさいの経典ことごとく文底下種の文証となる」のだ、とその立場を説明した戸田は、すすんで、日蓮の遺文のなかから、現世利益の「文証」をとりだす。

『可延定業抄』

「定業限りありしかども仏・法華経をかさねて演説して、涅槃経となづけて大王にあたい給いしかば、身の病・忽に平愈し心の重罪も一時に露と消えにき……」

『四条金吾女房御書』

「就中夫婦共に法華の持者なり法華経流布あるべきたねをつぐ所の玉の子出で生れん目出度覚え候ぞ……」

前者は「死すべき命すら、寿命をのばすことができるとの偉大な大聖人の確信」であり、後者は、「大御本尊を信ずる者は福子を産むとの御おおせのご確信」で、「われわれ信者が妊娠の場合、お守り御本尊を身につけるは、これがためである」と、戸田は説く。

しかしながら、こうした利益はまだ低い利益であって、これ以上の利益がある。それは「生命力が絶対的に旺盛になるということ」である。「生命力が旺盛であれば、なやみだ、苦しみだ、貧乏だなどと、いろいろな愚痴をいう世界が、明るい楽しい世界に変わる」、これを「解脱」という。

では、「どうして御本尊様を信じたら、生命力の偉大をえることができる」のだろうか。その「文証」として、戸田は、『生死一大事血脈抄』の一節をあげる。

然れば久遠完成の釈尊と皆成仏道の法華経と我等衆生との三つ全く差別無しと解いて妙法蓮華経と唱え奉る処を生死一大事の血脈とは云うなり。

これを戸田はつぎのように解釈する。

久遠完成の釈尊とは、本地無作の三身如来、末法のご本仏、宗祖日蓮大聖人様である。皆成仏道の法華経とは、大聖人究意のなかの究意の極説たる、弘安二年十月十二日、一閻浮提総与の御本尊様のことである。われら衆生とは日蓮正宗信者の謂である。解るとは、われらがごとき凡愚の者、大聖人様のご慈悲をこうむって、われらと大聖人と御本尊は三者一体なりと知ることである。ゆえに、大御本尊様を信じまいらせて題目を唱うるとき、信は因となり、口唱は果となって、この信行倶時にして仏果を得、われわれの生命のなかに、久遠無作三身如来のご生命がヒシヒシと流れ伝わってくるのである。これを生死一大事の血脈というのである。

そこで、熱心に「大御本尊」にむかって題目を唱えれば、「宇宙のリズムとわがリズムと調和して、宇宙の大生命が即わが生命とつらなり、偉大な生命力が涌現してくる」というわけである。

これこそ真の「大利益」であるが、それが「成仏」ということだ。

戸田の「大利益論」は、現世利益を保障する今日的な「功徳論」として、会員たちの理論的支柱となった。牧口時代の「罰論」より、もっと切実に「もうかる」ことを期待している大衆にたいして、この「功徳論」は一定の有効性をもつものだった。

戸田は、「現証」として、『聖教新聞』紙上に、実名、住所入りの体験談のさまざまな「功徳例」を掲載させた。

折伏大行進第一年目の昭和二十六年末の創価学会の実数は、暮れの二十四日の支部長会で報告されたが、十二支部五、七二八世帯であった。北条浩、秋谷栄之助らが、この年、入会している。

五　王仏冥合

タヌキ祭り

明けて、昭和二十七年元旦。「新年度に望む」と題して、戸田は、つぎのように語った。

吾人を以って云わしむれば日本を亡した者は軍閥ではなくして悪侶のなした業であると断ずる者である。それにもこりずして今日の邪宗教の横行は何たる事であろうか、立正交成会・霊友会・PL教団・メシヤ教・天理教等々、数え切れない次第ではないか、吾人等には日本民族をこれ以上惨苦の底には堕したくない、深く邪宗の横行を考うるに皆本尊の難乱より起っているのである。今七百年を迎えるにあたって正しく光輝ある御本尊の流布すべき時が来たのである。これ吾人が広宣流布の時来ると叫ぶ所以である。願わくば同志諸君よ広宣流布の人として諸君等のみが得られる幸福を得、且又共に日本民族を救おうではないか。

（『聖教新聞』昭和二十七年一月一日）

当時、「赤い羽根」募金横領事件などで、手痛い打撃をうけた霊友会が、教勢が沈滞しはじめたのにくらべて、立正交成会の拡大のテンポはいちじるしかった。

青年部を中心とする折伏活動、とりわけ「邪宗」攻撃は、法華系の在家教団——霊友会・本門仏立宗・解脱教・妙徳会・思親会・国柱会・新世会・大乗連盟・在家浄風会・信光会・日本光明会・心霊会・大乗教会などにその鋒先は向けられた。が、ねらいは立正交成会にあった。彼らは、教団本部へあるいは法座へ集団で押しかけ、「法論」をいどみ、「本尊論」や「宗祖本仏論」をぶつけては、相手を「邪宗」よばわりをして、「罰論」できめつけた。

世論の非難は、ようやく創価学会の、こうした布教のやり方に向けられてきた。はやくから創価学会の軍隊組織類似の布教活動に眼をつけていた法務府特審局は、暴力主義的行動を是認する傾向が見られるなどの理由で、昭和二十六年一月二十六日、会長戸田に「今後、折伏においては、暴力及び脅迫等の不法行為を一切禁止し、これを全会員に徹底させる」むねの始末書を提出させ、諭示処分に付した。

創価学会では「本部」からの注意として、折伏にあたっては、「あく迄も礼儀は正しくしなければならぬ。興奮から罰論をのべるに付いて脅迫と取られぬ様、あく迄も冷静に経文道理からの罰論をのべる事」などの指示を行なっている。

青年部に参謀部が設置され（二月九日）、主任参謀に石田次男、参謀に竜年光・池田大作が任命され、青年部の折伏活動の企画の中心になった。のちの参謀室の前身である。参謀部とは、いうまでもなく軍隊における作戦計画、行動の司令センターであり、戸田は軍事組織の導入によって、集団行動の指導にあたらせたのである。

戸田は、第一回男女合同青年部研究発表会（二月十七日）で、青年たちへの期待を語った。

不肖青年部は僕の旗もとであります。三代会長は青年部に渡す。牧口門下には渡しません。何故かといえば老人だからです。ゆずる会長は一人でありますがその時に分裂があってはなりませんぞ。今の牧口門下が私をささえるように三代会長を戸田門下がささえて行きなさい。私は広宣流布のために身を捨てます。その屍が品川の沖にまた何処にさらされようとも三代会長をささえて行くならば絶対に広宣流布は出来ます。日本の現状を、朝鮮、支那を救うのは学会以外にありません。この時諸君は立つか。

立宗七百年祭を直前にひかえて、四月七日、創価学会は、記念の春季総会を神田駿ヶ台の中大講堂でひらいた。約二千六百人の会員を前にして、戸田は、「日本民族を救わん」という講演を行なった。

われ日本の柱となろう、日本の国の主君である。日本の国の限目となろう、国の指導者、師の位なり。われ日本の大船とならん、これ親の位。

主師親の三徳としての日蓮大聖人様のこの気迫の、百万分の一の気迫を持って、日本民族を救おうではありませんか。

前年の九月にサンフランシスコで調印された対日講和条約と日米安保条約は、この月の二十八日にいよいよ発効されようとしていた。長い占領下に、国民の民族独立への願いは、ますます熾烈となっていた。

立宗七百年記念祭の前夜、堀日亨編・創価学会版『新編日蓮大聖人御書全集』が完成し、初版六千部が発行された。二年後に、四万部を再版したとき、定価二千円の『御書』を予約金千二百円で予約買取りをしておけば、あとで本部が二千円で買いもどすから、多く購入しておけばそれだけ儲けることになり「こんなうまい話はない」と、戸田は会員に宣伝して、『御書』の大量購入をすすめた。インフレを見越しての、戸田一流の資金プールの方法だった。

四月二十八日、日蓮正宗総本山大石寺で、宗旨建立七百年記念慶祝讃大法会が挙行された。創価学会員約四千名も戸田に率いられて、これに参加した。

戸田はこの機会をとらえて日蓮正宗に対する創価学会の主導権をおさめるべく一つのデモンストレーションを敢行した。それがいわゆる「狸祭り」である。

狸とは、日蓮正宗の老僧侶小笠原慈聞のことであり、祭りとはかれを問いつめて、「自己批判書」を書かせ、みこしのようにかつぎ上げて、境内をねりあるいたのち、牧口初代会長の墓前で謝罪させたものであった。小笠原の戦時下の言動が、かつての弾圧の原因をつくったものとしたのである。事件は、戸田の指導のもとで早くから周到な計画のもとにおこされたもので、直接の行動部隊も青年部員四十七人が選ばれていた。この暴力事件にたいする宗内の反響は大きく、宗会は戸田の大講頭ひ免、登山停止などを全会一致で決議したが、男子青年部は宗会との闘争宣言を発し、個別に宗会議員との談判を開始して、決議の取り消しをせまり、事実上決議をつぶした。

事件は、法主の誡告をうけて、戸田が謝罪し、五重塔修復の発願をして落着したが、宗内の反創価学会派に対する実力示威という点では大きな効果をあげた。かつて政友会の院外団の経験もある戸田の、ケンカのさいの策謀と駆け引きのうまさが、いかんなく発揮された事件であった。

五月十八日、男子部の組織が確立された。部長の下に直属の参謀部をおいて、すべての運営事項を決定し、実際活動を四部隊で推進するのである。本部組織と同様に、部隊組織にも、部隊長直属の幹部室を設けて、参謀活動を行ない、実践面は班—隊—分隊が活動する、

邪宗折伏は、これまで各部隊ごとにバラバラに計画してやっていたのをあらため、男子部で目標を選定して、交成会なら交成会を、四部隊で全東京でいっせいに政撃する方針を定め、その準備や研究も参謀部に情報を集めて徹底化する。牛田寛男子部長のもと、石田次男主任参謀（教育参謀兼任）、竜年光作戦参謀とともに情報参謀に池田を戸田は任命した。

四部隊長には、第一石田・第二北条・第三森田・第四竜がそれぞれ任命されたが、新設の部隊幹部室の幹部長には、それぞれ中西・吉田顕之助・原田・池田が任命された。

四部隊、二十六班、三十隊、百二十四分隊総計八百十一名の陣容だった。

このころ戸田は、各支部の指導的立場にあるものが、地区員の教育を怠り勝ちであるとして、初信者の初歩教育はかならず『折伏教典』に依らねばならないと、指令を出し、同時に『大白蓮華』の巻頭言に、いくつかの折伏論を発表した。その一つに、信仰にはいった当初の感激を忘れたとき、おこりうる形について、分類して説いたものがある。

第一は感激のないのに、理論にはしる形。……信仰と感激を外にして、日本の大学教育、専門教育および科学万能の思想に毒せられし、ただ覚えをしゃべろうとする癖を出して、大聖人の哲

学を研究した者が、折伏することは、危険この上なきことである。

第二は、御本尊の威光をかりて、折伏の系統を、自分の子分とみなす徒輩。……この形は、学会内にも、時おり発生する毒茸である。この毒にあてられた者が、四、五十人の折伏系統をもつと、寺の僧侶と結託して、独立する場合があるが、末法大折伏の大敵である。

第三は、信仰利用の徒輩。……世の金持ち、世の権力者に阿諛する徒輩であって、なんとかという代議士、なんとかという金持ち、それを折伏することを、大へんなことであると考えている。

第四は、信仰しているふりをして、実は、信心なく、信仰の人々を利用して、生活の一助とする徒輩。

第五は、偉大な信念も、絶対の確信もないのに、さも、自分が、大信仰者のような顔をして、指導者に立つ輩。……この形は、おもに、旧信者と呼ぶ者のなかにいるのであるが、とくに、御僧侶にこの形があったりする場合には、面をおかしてご諫言申し上げねばならぬ。

（『戸田城聖先生巻頭言集』）

四月二十八日の対日講和条約、日米安保条約の発効。五月一日のメーデー事件。さらに七月には破壊活動防止法案（破防法）が国会を通過するなどの当時の社会情勢の緊迫化については、戸田はなにも語っていない。

八月二十七日、創価学会は宗教法人として認証された。日蓮正宗の宗会は宗規則を改正して、これをはばもうとしたが、戸田は強引に押し通したのである。

八月八日から二十五日まで、はじめて本格的な地方折伏がおこなわれた。すなわち、幹部が三班にわかれて、大阪（班長原島）、名古屋（班長神尾）、九州（班長柏原）に、折伏活動を開始した。この「全国作戦」には、募金による五十万円の費用が投ぜられた。折伏の成果からいえば「成功といえない。失敗である」と戸田は本部幹部会で語っているが、のちの創価学会の全国的発展にとって、最切の布石というべきものであった。

十月四日。この月から、月例登山会がはじまった。三百八十余名が参加して「御開扉」をうけている。

このころ（十月四日）、三鷹市警察署の招きで、同署二階の講堂で創価学会の講演会がひらかれ、同署員、関係者らが参加した。講演会は、まず「価値論」を神尾武雄が話し、「三法律と治安問題」と題して石田次男、仏教概論を竜年光、日蓮宗概論を池田大作が語ったが、池田は、大蔵商事株式会社取締役兼営業部長の肩書であった。最後に、戸田が「生命論」を論じて終わった。

十一月十八日には、牧口常三郎の九回忌法要が行なわれたが、席上、戸田は、牧口の『価値論』を世界の大学へ送ると語った。

わたくしと先生はまったく違う。先生は理論の面から、御本尊様を信じきっていた。わたくしは、功徳の面で信じている。わたくしはある体験から、ぜったいの功徳を信じ、日蓮正宗のために命をささげるものです。先生は謹厳そのもので、わたくしは世のなかをふざけて生きている。先生は謹直で、わたくしはルーズだし、先生は目白に、わたくしは目黒に住んでいる。

先生はひじょうな勉強家で、わたくしはさっぱり勉強せぬ。先生は飲まないし、わたくしは大酒飲みだ。これだけ、まったく正反対の性格でありながら、先生とわたくしは境地はピッタリ一致していた。

（『聖教新聞』昭和二十七年十一月十八日）

ふざけた調子のなかにも、戸田は、その師牧口との対比をリアルにしめしている。

十二月七日、第七回総会が中大講堂で開かれ、五千余人が参集した。折伏の一年間の成果は二万世帯に上り、二十八年度の折伏目標として五万世帯という数字がしめされた。

同席した日蓮正宗法主水谷日昇は、その講演で「罰と利益のある事を知らしむる」折伏と「国立戒壇への努力精進」を強調し、堀米日淳は「広宣流布の大折伏は学会にお願いする」と語った。この時点で日蓮正宗内における創価学会の地位の主導性は、基本的に確認されたといえるだろう。

親衛隊――青年部

昭和二十八年一月早々、戸田は、小岩支部長に青年男子第一部隊長の石田次男を抜擢し、後任の第一部隊長に池田をすえた。

折伏の勢いが、いよいよ急テンポになるにともない、四月、戸田は、大阪支部の新しい陣容を発表し、白木義一郎支部長のもとに、堺、淀川、阿倍野の三地区をおき、青年部も新設した。この時期から、京浜についで大阪を中心とする関西での、教勢の伸びがいちじるしくなる。

第一回男子青年部総会は、四月十九日、教育会館講堂でひらかれた。七百名の青年部員が結集したが、各部隊幹部の「研究発表」が行なわれた。

なかでも、第四部隊の班長渡部一郎は、「共産主義の歴史と教義上の矛盾性」と題して、「共産主義とは、人の幸福を考えず、生命をときえず、人を不幸におとし入れる低級きわまる邪義である」と論じ、同じ第四部隊の班長小野英雄は、「昨年起ったメーデー事件の容疑者にせよ、その三分の二の青年は肺病に犯されているという事実、レッドパージ以来失業で悩んでいる党員を見た時、……自分自身の失業の問題を解決出来ない者に、他人を」教うことはできないと難じた。

五月三日、第八回総会が中大講堂でひらかれ、大阪・仙台・関東各地からも会員が集まり、日蓮正宗の僧侶も、仙台・大阪・九州などから多数がはじめて出席した。

戸田は、つぎのように講演した。

……末法においては、釈迦、天台等の教えは、去年の暦と同じで、なんら役に立たないのであります。だから釈迦の法華経を信仰しても、少しも功徳を受けられないので、かえって害があるのであります。十日もたったご飯が、カビがはえて腐っていたら、腹をこわすに違いありません。

釈迦の仏法は、腐ったご飯であります。これを平気で食わせている邪宗の坊主も坊主なら、それを知らんで食っている信者も信者であります。

戸田はこの年の五、七、八月号の『大白蓮華』の巻頭言で、「科学と宗教」と題して、科学に矛盾しない「仏法」について説いている。

あらゆる学問は、宇宙の森羅万象を対象として研究せられる。

科学が、純粋の真理を求めつつ、しかも、討究してえられた定理が、人間の幸福生活へ実践行動化すると同様に、この宗教も、純粋なる生命哲理を、最高へと組み立てつつ、その最高無上の定理は、人間の幸福生活への実践として行動化されている。

御本尊は、仏法の最高理論を機械化したものと理解してよろしい。たとえば、電気の理論によって、電灯ができたと同じと考えてよろしい。

このような科学観が、たとえば、災害について適用されるとつぎのようになる。昭和二十八年の夏の北九州をおそった豪雨（行方不明千二百名）、和歌山・京都に甚大な被害をもたらした集中豪雨を論じた『聖教新聞』（昭和二十八年八月一日）社説はいう。「念仏や身延派日蓮宗のはびこっている北九州の水害……、紀州南部も同様……、福運少く悪い宿命を持った人達（が）かたまって住んでいる所、邪宗教の盛んな場所、こうゆう所に天災が起り、台風なぞが通過するのである。そしてこうした人達を作りあげるものがあやまった宗教の力なのである」と。

八月一日、矢島前理事長は、出家して、日蓮正宗の僧となった。戸田は、会の幹部を、日蓮正宗の僧侶として送りこみ、やがて、会員の家庭の少年たちを志願によって出家させて、「学会出身」僧侶の養成をはじめた。

八月で『聖教新聞』は二万部を突破し、九月から週刊（毎日曜日発行・一部十円）になった。

昭和二十八年七月二十一日、戸田は、青年部幹部四十三名を選抜して、特別指導を与えるために水滸会を結成した。西神田の学会本部の二階八畳間に、車座になった青年たちは、戸田の『水滸伝』（佐藤春夫訳）を教材にした指導に、「うす暗い電燈のもとで、選抜された光栄と使命の重大さに緊張しながらも、戸田先生の多方面にわたっての深い薫陶に、夢中で耳を傾け感激した」という。戸田独特のエリート教育であり、彼らはやがて、中核として活躍をはじめる。

水滸会は、毎月二回『三国志』『太閤記』などの小説をテキストに戸田の指導をうけた。女子部には、十八名のメンバーで華陽会がつくられた。

八月の、地方折伏などの会員増加は急ピッチですすんだ。戸田は、八月二十九日の本部幹部会で、「こんごの戦いにからだをはる。敵であろうと味方であろうと、心に願いを立てよ。一年たってこの願いかなわずばわたくしを殺してもよい。もしも願いかなわずば、わたくしを殺せ」ときくいのせりふで訓示した。

各地方での会員の急増にともない、最寄りの寺院に寺籍を移すことで、日蓮正宗寺院との関係の大整理が十一月から実施され、この改革を通じて、すでに本山大石寺ではうち立てられていた創価学会の主導権が全国各地の末寺におよんだ。各寺院への地もとの創価学会信者の結集は、法華講に属する旧来の日蓮正宗信者（当時、日蓮正宗の信者概数は、創価学会員を除いて、約五万人といわれ、寺院総数は一二五であった）の反発や対抗のうごきを、事実上、封殺する効果をあげることになった。

十一月には、新宿区信濃町三十二番地にある、もと外交官邸の二階建洋館を千百五十万円で購入し、改造して、新本部とした。「莫大な金を使って大きな建物を作っても一般講義の人員を収容し切れるものではなく、講義や総会の場合は各所の講堂を借りる事として、本部は幹部級の会合が出来る程度の広さがあれば十分で、……新築より既に出来ている建物を買って改造した方が経費が少くてすむ」という、戸田の方針にもとづいたものである。

この年の秋には、本門仏立宗との間に、創価学会脱退者の本尊所有をめぐって衝突があった。十二月の幹部会で、創価学会は年間五万世帯を折伏し、会員数は七万数千世帯となったことが報告された。

翌昭和二十九年一月一日の『聖教新聞』社説は、

大法広宣流布の時機到来を知る……

然らばその完成の日は何時であろうか。それはある理由に依り、後二十五年以内と確信してよい。この期間に……国立戒壇建立の御教書が発せられるであろう。否発せさせなければならないのである。御教書とは衆議院に於て過半数の賛成を以て発せられるものである故、これが獲得の為にも正法弘通の活動は今後新生面が展開されなければなるまい。昭和二十九年度は、その準備の年として邪教との法戦の徹底化、民衆に対する折伏の徹底化が計られる期間であろう。

と論じている。

当時の組織一覧をつぎにかかげる。

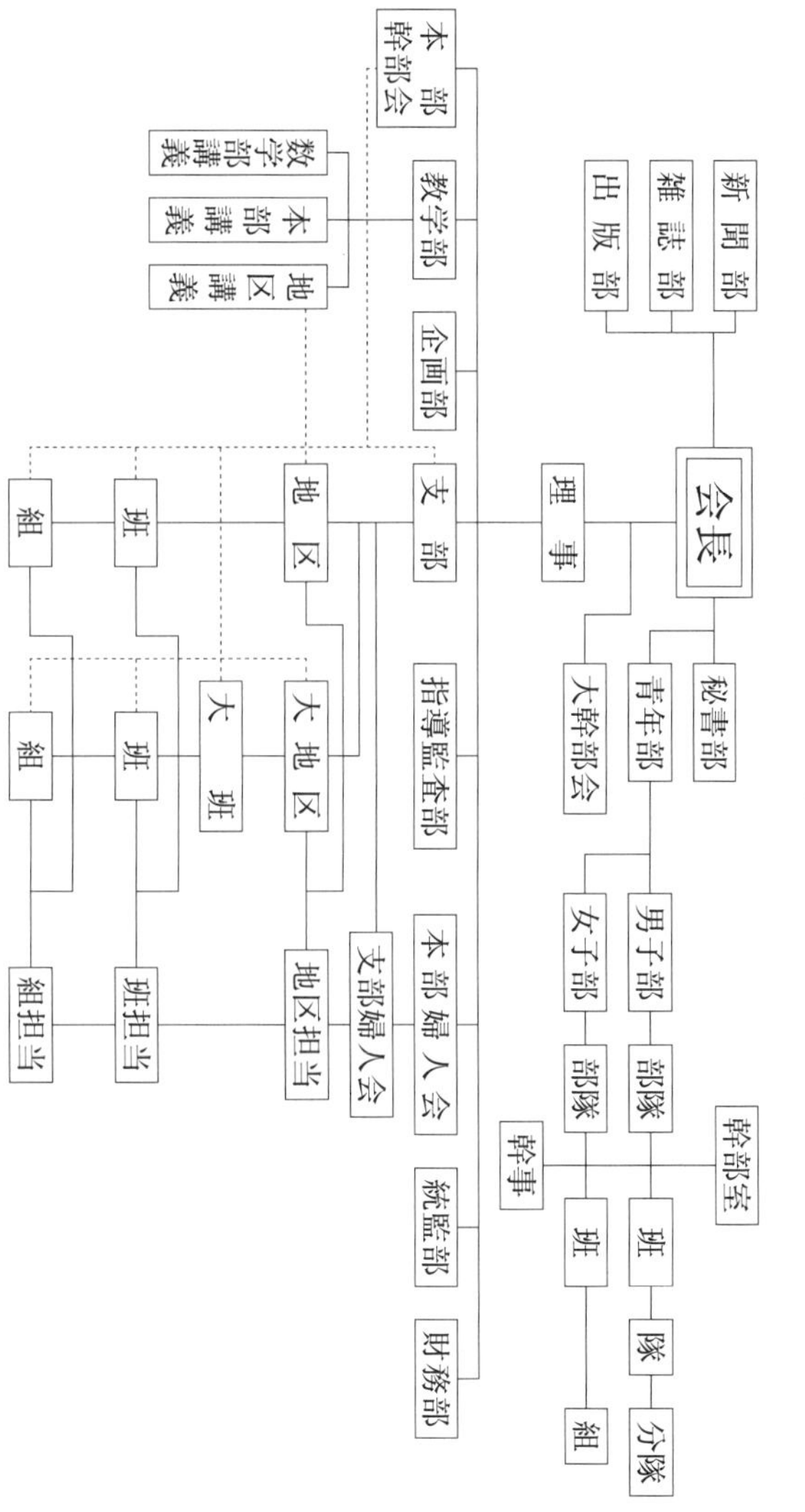

創価学会組織一覧（昭和29年1月1日現在）

昭和二十九年三月一日のビキニの米水爆実験によって、第五福竜丸乗組員に犠牲者が出たが、『聖教新聞』（昭和二十九年四月十一日）は、「こうした大災は邪教の流布から起る」と説き、戸田も、こう説いている。「この前のビキニ、この水爆実験の問題であったが、あれなんか、じょじょに、でてくるでしょう。それみたいに、邪宗教というものは、飲んでから毒がじょじょにでてくる」。

青年部の強化は、三月の男女各十五部隊の再編成ではじめられた。三十人の部隊長が任命され、青年部の会長に直結した「旗本」「親衛隊」としての役割と同時に、一支部に一部隊が結びつく、いわゆる一支部一部隊制により、支部の折伏活動の機動力となることが期待された。新しく参謀室が設けられ、室長に池田大作、北条・森田（一）・竜らが参謀に任命された。四月二十九日の青年部大総会には、約四十名が参加したが、戸田から部隊旗を授与された部隊長は、「戸田先生直轄の一糸乱れざる一大統帥の下……東洋広宣流布達成の日迄闘い抜く」ことを誓った。

戸田は、この席で、「戦争に負けたということになって、広宣流布は、ずっと早くなってくる。必ずできる。軍隊という、おっかないものがありません。枢密院という、じゃまなものもありません。もう、こわいものは、国会ひとつなんです」と述べている。（『戸田城聖先生講演集』上）民主憲法下にあっては、国会を通して、広宣流布達成ののろしがあげられると、戸田はつかんだのである。そこから、政治進出の理屈づけは「こわいもの」をいかに利用するかにかかっていた。

第十回春季総会（五月三日）で、戸田は、理事の交替を提議し、理事長に小泉隆、理事に柏原ヤス・石田次男・白木薫次らの五名を任命した。少数の理事陣により指導の強化をはかったのである。戸田は、ただちに、大阪支部におもむき、そこで関西の状況を検討しながら「全国地方折伏」の構想を練った。財務部では、一世帯あたり百円以上で一千万円の募金を開始した。

地方折伏は、八月、各支部から選抜された二百五十名が、全国主要二十都市に派遣され、戸田は飛行機を利用して、各地を廻り指揮にあたった。地方折伏の成果をみて戸田は「これで立正交成会は完全におさえた」と喜んだという。

戸田が前年の夏以来指導をつづけてきた水滸会は、この年の九月四日、奥多摩の氷川でキャンプをはった。キャンプ・ファイヤーを囲んだ青年たちに戸田は種々の指導を与えたというが、この時の戸田の青年の使命感に訴えた訓示を、秋谷はこう伝えている。

諸君！　広宣流布は二十数年にて必ず遂行する。私の真の弟子であるならば、最後まで続け。三類の強敵の嵐は、いよいよはげしくおそいかかってくるであろう。しかし、断じて負けてならぬ。日本の救済も、東洋の救済も、日蓮大聖人の生命哲学以外に、絶対にないのである。

諸君よ、よく学び、自己を研鑽してゆけ。私は諸君を信頼している。広宣流布の実現の夜明けのときに、十年たったら、もう一度、この地に集まれ。その時に諸君に頼むことがある。

（『大白蓮華』一五三号）

八月以降、折伏世帯数は毎月一万世帯にのぼり、折伏の当面の対象とされた日蓮宗（身延派）では、講演会や機関紙などで批判を展開した。戸田は、「邪宗の坊主が騒ぎ出し三流新聞を通して誹謗して来た。立正交成会や霊友会は縮み上って小さくなってしまったが、身延は歴史が古いから坊主共が集まって騒ぎ出した」（『聖教新聞』昭和二十九年十月三日）が、「いま、現に民衆を不幸にしているあらゆる邪宗邪義、すなわち立正交成会や仏立宗・念仏・真言・禅等の邪宗は、断じて許すことはできない。断固として、世界の宗教界を相手にまわして戦っていく孤立無援の教団が学会であります」（『聖教新聞』昭和二十九年十一月七日）と批判にこたえた。

事態に注目したジャーナリズムでも、創価学会の動向を報道しはじめた。創価学会では、機関紙上でこれらに逐一反論をくわえた。たとえば、『朝日新聞』（昭和二十九年十月二十六日）の記事にたいしては、「青年部決定による邪宗折伏を本部指令の様に錯覚して」おり、「青年部の動きに幻惑されて本当の学会活動が書けていない」（『聖教新聞』昭和二十九年十月三十一日）と反ばくしている。

その青年部は、戸田から「国士訓」を与えられ、十月三十一日、男女青年部員一万名を総本山富士大石寺に結集し、大石寺総門脇の富士宮東高校校庭で、「大出陣式」を行なった。白鉢巻をしめ、登山杖を手にもった男女青年部員は、部隊旗をかかげ、軍楽隊を先頭に分列行進を行ない、白馬「銀嶺」号にまたがって閲兵する戸田に、かれらは「東洋広宣流布の大師匠たる戸田会長先生の直弟子たるを強く自覚し……退転の徒の屍を踏み越えて、たたかい抜く」ことを誓った。

青年部は、つづいて十一月七日、〝世紀の祭典〟と銘打った体育大会を開催した。青年のスポーツにたいする要求を組織したものとしては、他の団体より、はるかにはやい取り組みである。

十一月二十二日、本部に文化部が設置され、部長に男子第一部隊長鈴木一弘が任命された。それを報道しに『聖教新聞』（昭和二十九年十一月二十八日）は「この新部がどの様な方面の研究と実践に乗り出すかは現在の所判らないが、その第一歩の基礎工作は、来春早々から着手されるであろう。……あと数年たてば、この部は青年の新らしい舞台になって来る可能性もある」と解説していたが、これが来たるべき政治進出のための指導機関として発足したものであることはあきらかである、翌年二月九日、五十四名の文化部員が任命されたが、四月の統一地方選挙への立候補のメンバーだった。だがこの段階でも、「今生れた闘士が実際面にその姿を現わすのは間近の事」（鈴木文化部長）というだけで、政治進出の気配を感じさせない周到な配慮がはらわれている。

世論のきびしい批判に対処するため、この年の暮れには対外関係の折衝を行なう渉外部が設置され、部長に池田大作が就任した。

路線の確立

昭和三十年一月二十三日、大阪中之島中央公会堂で西日本三支部の連合総会がひらかれた。関西の日蓮正宗の全住職がこれに出席したが、日蓮正宗の三大末寺の一つといわれる有力寺院の大阪市北区野崎町の蓮華寺住職が出席しなかったため、激怒した戸田は、「今後蓮華寺には一切参らぬ。大阪には急いで新寺院を建て、ここを関西大折伏の法城とする」(『聖教新聞』昭和三十年二月六日)と公表した。翌二十四日から大阪支部長の白木義一郎が指揮をとり、蓮華寺の出入口にピケをはって、「この寺は邪宗、謗法の寺で、寺に参る者は無間地獄に落ちる」と会員の参拝を禁止した。蓮華寺側はこれに対抗して、創価学会員信徒を寺の名簿から削除し、「御本尊」の返納要求を通告した。創価学会は、『聖教新聞』紙上で連日、「悪鬼入其身の見本」「天魔の所為」と攻撃し、崎尾住職の宗門追放運動を開始し、全国寺院に青年幹部を派遣した。三月になり、総本山宗務院は、崎尾住職に滋賀県の妙静寺という小さな寺に転任を命じたが、蓮華寺側は、この辞令をつきかえした。

事件は、翌年の六月、総本山で当時の管長堀米日淳、庶務部長細井精道らが、蓮華寺住職、総代らと会談し、いちおう落着した。(昭和三十九年五月、総本山は創価学会の傀儡になったとして、蓮華寺は、総本山管長あてに「被包括関係廃止」を通告、本山との関係を断ち、日蓮実宗を名乗った。

同年三月には、高知市の大乗寺も総本山から離脱している。）

三月十一日、北海道の小樽市で、日蓮宗とのあいだで、小樽問答とよばれる宗論（公開の教義問答）が行なわれた。前年以来、日蓮系各派、とくに身延派を「邪教」として折伏攻撃を強めていたが、この宗論を対決の絶好の機会と考えた戸田は、青年部幹部を飛行機で小樽に送って調査させ、長距離電話で連絡をとりながら作戦を練った。

宗論の当日は、会場の大半は、全道から集められた創価学会の会員で埋めつくされ、野次と拍手で日蓮宗側を圧倒した。議論は、本尊論が中心だったが、創価学会側の講師（小平・辻）が、身延派の本尊のあいまいさをついたのに対し、日蓮宗側は、板本尊偽作論で反撃した。審判のいないこの種の宗論で、結論の判定がでるわけはなかったのだが、結局、会場は混乱のうちに、時間切れで終わった。戸田は、会場にあって終始指揮をとった。

この宗論を「完膚なきまでに身延の邪義を破折した大勝利」と意義づけた創価学会では、宗論の模様を記録した本（『小樽問答誌』）やレコードで「勝利」を宣伝した。

この年四月の統一地方選挙を前にして、戸田は、鶴見支部第四回総会（三月二十七日）で、創価学会の政治進出の意味をつぎのように説明している。

広宣流布の姿におきまして、また広宣流布の途上におきましては、経済界に、あるいは新聞社において、あるいは雑誌において、または、これに類似する文化活動において、あるいは映画において、あるいは政治において、また会社の重役といえども、会社の小使といえども、みな御本尊様のありがたいことがわかって、これらの人々のなかから国会議員が出て、国立戒壇の請願が出され、国会で可決され、天皇陛下も、また、この御本尊様のありがたさを知ってこそ、初めて広宣流布できるのです。

これがためには、なまじっかの闘争では、けっして広宣流布はできない。そこで、この一端として文化部が創設され、文化活動のうちの政治活動が、最初に打ち出されたのです。

ただ、ここに一言ことわっておかなければならないことは、文化部員の闘争は政治のための政治ではないということです。ある人は、そういうものならば、創価学会党というものができて、そこで広宣流布するのではなかろうかと考えるかもしれませんが、けっして政治のための政治ではありません。一党一派に偏するものではありません。文化部員のなかで、ひとりが社会党であり、ひとりは自由党であり、ひとりは民主党であり、なかには共産党がいても、いっこうに、さしつかえないのであります。

（『戸田城聖先生講演集』下）

四月にはいって、まず理事長小泉隆が東京都議選に大田区から、財務部長森田悌二が横浜市議選に鶴見区から立候補することが発表された。つづいて、東京都の二十の特別区議会、一市議会、神奈川・埼玉・千葉・群馬・北海道・宮城・大阪・秋田・福岡の各県の市議会に創価学会幹部が立候補した。

この政治進出は、ただ「国立戒壇建立の為であって、政治そのものを左右する為ではないのである。政治の為の政界進出ではなくて国立戒壇実現の為に進出を望まれているのである」（『聖教新聞』昭和三十年四月十七日、社説）ことが、繰りかえし強調されていた。立候補者は日本民主党からでた一名（塩釜市議）をのぞいて、全員無所属であった。

四月二十三日の都道府県議選、同三十日の市議選の結果、都議一名をはじめ、五十二名が当選した。小泉、森田は最高点で、区議も多数が高位当選した。東京、神奈川という創価学会の教勢の主要な基盤であり、会員の密度の高いところでは、選挙区の地域組織がつくられた。

このときの経験が、ただちに生かされて、五月、東京都内にブロック制が実施された。これは布教―入信の系統による基本組織（タテ線）に対して、ヨコ線とよばれる地域別の組織である。ブロックでは座談会、講義がもたれ、ブロック・カードがつくられ、文化部員がブロック委員に任命された。東京都でのブロック制の実施につづいて、市会議員を当選させた横浜、大阪をはじめ地方都市でも、この年十月からブロック制が実施された。

五月三日、両国日大講堂で行なわれた第十二回総会で、戸田は、はげしく「邪宗撲滅」を叫んだ。

この広宣流布の途上には、幾多の敵を迎えなければならない。いかんとなれば、日蓮正宗のみが、この日本の民衆を救済するのであって、キリスト教も撲滅しなければならない念仏宗も撲滅しなければならない、立正交成会も、霊友会も、ことごとく撲滅しなければならないのです。

（『戸田城聖先生講演集』下）

総会は年内三十万世帯の達成を決めた。

六月から、『聖教新聞』の配布は、東京、神奈川などで販売店制が実施された。

戸田は、七月度本部幹部会で、機関紙の活用について「聖教新聞は折伏の鉄砲である。営業では、けっしてない。こういう話を聞いた。ある人が折伏されて、二年間だれも行かなかったがその間、大白蓮華、聖教新聞を必ず読んでいた。そのため、その人の信心が曲がらずに伸びていた。また、ある人は自分で二十部新聞を買って、これを自分の名前で送って、二ヵ月なり、三ヵ月なりしたら、行って折伏した。これがほんとうの利用方法だ。一部売ったら歩合がいくらだねなどと金にきたない根性を起こしてはいけない。どこまでも折伏の道具である」(前出書)

この年の夏には、四十五都市で、全国地方折伏が展開され六百名が派遣されたが、折伏行事としては、この年が最後で、翌年からは指導行事に切り替えられた。それは、全国開拓のピリオドがうたれ、教勢が各地に浸透したことを物語るものであった。戸田も、九州、北海道を中心に指導に歩いた。

十一月三日ひらかれた第十三回秋季総会には、七万人が東京小石川の後楽園球場を埋めた。文化部の全国担当として、辻・原島・北条しゅん八・柏原・白木の五人が任命され、翌年七月の参議院選挙の立候補に備えた。

このころ日蓮系各派では、創価学会批判の書物やパンフレットを公刊して、その「邪教」よばわりに、正面からこたえる批判活動をはじめたが、地方議会への進出や全国地方折伏などの創価学会の動向を通じて、世論の疑惑と批判も高まってきた。「最近創価学会などの新興宗教が軍隊化した組織を利用、なかば暴力的に信者獲得運動を行なっている。まだ事情を調査する程度だが、影響ある場合破防法を適用するつもりである」と公安調査庁長官が語ったという記事が、『毎日新聞』（昭和三十年十一月二十六日）に報道された。創価学会は、長官談話は事実無根であるとして、『毎日新聞』に抗議し、その結果、記事は取り消された。

戸田は、本部幹部会で、つぎのように語っている。

破防法とは、国家の組織を破壊し、社会の秩序ある生活を、政治生活を破壊するものにたいして置いたものであります。とくに共産党を目的にしたのであって、共産党以外にこれを用いるなどということは絶対にないというのが、立法の精神であります。

われわれは、けっして社会の秩序を破壊しません。また、今の政治を破壊し、国家の政治を変えようと思ったことはない。天皇陛下を大事に思うし、願わくば、天皇陛下に私一生涯のうちにりっぱな宮殿を日本じゅうの総意で、御普請して差し上げようという心ももっております。それが、なんで国家の政治を破壊しようとする行為でしょうか。（『戸田城聖先生講演集』下）

この年、一年間に十九万が入信し、総世帯数は、公称三十万世帯をこえた。

昭和三十年は、戦後の日本歴史のなかでも、ひとつの画期をなす年といえよう。この年の六月、第一回の日本母親大会が開かれ、八月には原水爆禁止世界大会の第一回がもたれ、日本原水協が結成された。日本共産党は、七月の第六回全国協議会で、党内分裂と極左冒険主義路線を克服して再建の第一歩をふみ出し、左右両派社会党の統一も実現した。一方、自由党と日本民主党が合同して自由民主党を結成（保守合同）したのも、またこの年の秋であった。

こうした、民主運動の再出発と政治勢力の戦略配置の再編成という、ちょうどその時期に、創価学会は、独自の宗教的政治運動としての歩みを明確にふみだしたのである。

参議院に進出

昭和三十一年一月、日蓮正宗では、法主水谷日昇が退座を表明し、三月、堀米日淳が第六十五世法主になった。

その大石寺には、「御肉牙」という日蓮の歯と称する「秘宝」がある、と戸田は会員たちに語ってきかせる。これは「お座替り」すなわち法主の交代のときとか、立宗七百年祭といった特別の機会にだけ拝観させるものだというのである。

御本山には、御肉牙という秘宝がある。これは前代未聞の秘宝です。

身延がどんなことを言おうと、立正佼成会がホラをふこうとも、このお肉牙だけは、どこを捜そうともない。

　御肉牙というのは、日蓮大聖人様のお歯である。……これには、下のところに肉がついていた。この肉がぜんぶ、広宣流布の時には歯を包まれるだろうと予言あそばされている。

　このお肉は、しだいにふえて、歯を包んでいる。私が最初に拝んだ時は六百五十年遠忌の時でありますす。その時には、このくらい、マッチの棒の先ぐらい、お歯が出ていたが、他の部分はほとんど包んでいた。……ところが、七百年祭の時、拝んだが、歯はすっかり包まっていたのです。……これがですね、ガラスの中に入れてあり、それを金で作った宝塔の中に入れ、それをまた箱の中に入れ、それを、もう一つの箱の中に入れ、長びつのなかに入れてある。なにも御飯などあげるわけではないのですが……。たしかに生きている。

　これは世界のどこにもない不思議なものである。……この実態を見たならば、広宣流布は間違いない。

（『戸田城聖先生講演集』下）


　つまり「お肉牙」は、広宣流布のバロメーターというのである。

「お肉牙」や、それを飲むとどんな難病でも直すという「護秘符」などの呪術的なものに対しては、一定の批判的な判断力をもっていると思われる大学出身の会員たちはどうだろうか。戸田の秘蔵弟子として、その一字を貰って改名した早大仏文出身の秋谷城永（栄之助）と、東大応用化学出身の渡部城克（一郎）は、作家高見順の質問に答えて、こもごもつぎのように語っている。

秋谷　私もかつて肺病だったんですから、そこへ来て信仰すれば治ると言われたときは抵抗を感じました。「南無妙法蓮華経」を唱えれば病気が治る、そんなばかな話はないと思った。私は六カ月反対したんですよ。結論を言えば、病気は治ったのです。

渡部　御本尊様の力、功徳というのは、それはすごいものですよ。何とも言えないようなことが実際におこる。私の妹が血の止まらない病気だった。……そこで信心したとき、別によく説明もしないで、妹に「拝め！」といった。それだけですが、その結果出血はピタリと治った。……強度の心臓弁膜症も治った。

（『中央公論』昭和三十七年八月号）

昭和二十六年、「折伏大行進」がはじまって入会してきた秋谷、渡部、青木亨らの学生たちを相手に、戸田は、平均月二回ずつ、法華経の講義を行なっていたが、それは昭和三十一年の春までつづいた。

昭和三十一年四月、戸田は学生部設置の構想を発表し、渋谷仙台支部長を学生部長に任命した。学生部は翌三十二年六月、結成大会をもったが、席上、戸田は、「このなかから半分だけ重役になって、半分だけ博士になってしまえば、そうすれば、いいだろう」と激励した。

参院選を前にした三月度本部幹部会で、戸田は、会の内部にある選挙活動への消極性を批判して、つぎのように述べている。

学会で選挙をやるなどということは、まことに、りっぱなことだと、私は思っているのです。陰でこそこそやるなどということは、絶対にする必要はありませんよ。……

私は選挙運動が毎年あったらいいと思っているのですよ。ないから残念です。そのわけは、選挙をやるという一つの目的をたてると、みな応援する気になります。そこでしっかりと信心させなければならん。学会は、金で選挙に出させるのではないから、はじめから信心によるのですから、信心の指導をしっかりやらなければならん。そうすると、幹部が夢中になって、班長君でも地区部長君でも、信心の指導を真剣にやってくれると思うのです。

そうすると、いままでかせがない人が、広宣流布のために、これは立ってやらなければならん時がきたから、まあ皆、目の色変えてかせぐ。ふだんやらんことをやるから、支部がピーンとしまってくる。選挙は、支部や学会の信心をしめるために使える。まことに、これは、けっこうなことではないですか。

（『戸田城聖先生論文集』下）

折伏活動と選挙活動、宗教活動と政治活動とを「功徳と罰」でたくみに結びつけた戸田の組織論が、ここにはくっきりと打ち出されている。

七月十日の参院選の結果、全国区から辻武寿、北条しゅん八の二人が当選（小平・原島は落選）、大阪地方区から白木義一郎が当選（東京地方区の柏原は落選）した。全国区の得票総計は九十九万票あまりだった。東京・十四万、大阪・神奈川・各七万、埼玉・五万六千、北海道・

五万、福岡・四万八千という数字にみられるように、当時の創価学会の伸びが、東京・神奈川・埼玉・阪神・北海道・北九州などの鉱工業地帯でいちじるしかったことをしめしている。

当時、慶大経済学部に在籍していた戸田の一子喬久は、「学会は憲法改正（再軍備）の問題をハッキリさせていない」として、労農党に投票したと戸田自身が語っている。

参議院選挙の結果、創価学会が百万に近い支持票をえて、三名の議員を出したことは、社会の注目をあびた。

参院選の直後の八月から、戸田は『大白蓮華』（第六十三号〜第七十一号）誌上に「王仏冥合論」を連載し、創価学会の政治進出の教学的理論づけを行なった。

戸田は、この論文で、参院選を契機に、たとえば日蓮正宗を国教にするとか、何十年後には、衆参両院の議席を創価学会人で占めるとかの「妄説」が唱えられているが、「しかし、われらが政治に関心をもつゆえんは、三大秘法の南無妙法蓮華経の広宣流布にある。すなわち、国立戒壇の建立だけが目的なのである。ゆえに政治に対しては、三大秘法稟承事《さんだいひほうぼんじょうのこと》における戒壇論が、日蓮大聖人の至上命令であると、われわれは確信するものである」と述べている。

『三大秘法稟承事』（三大秘法抄、日蓮正宗以外では偽筆説が有力）とは、日蓮が死の前年（弘安四年）に、信者の太田金吾にあてた手紙のことである。

戒壇とは、王法仏法に冥し、仏法王法に合して、王臣一同に本門の三大秘密の法を持ちて、有徳王、覚徳比丘の其乃往を末法濁悪の未来に移さん時、勅宣並に御教書を申下して、霊山浄土に似たらん最勝の地を尋ねて戒壇を建立す可き者か、時を待つべきのみ。事の戒法と申すは是なり。三国並に一閻浮提の人、懺悔滅罪の戒法のみならず、大梵天王、帝釈等も来下して蹋給うべき戒壇也。（『日蓮上人文抄』）

その「王法と仏法」が合致し、一国の支配者も民衆もこの宗教を信仰し、理想の世界が実現したときに、国家の最高権力者の「勅宣と御教書」によって、「本門の戒壇」が建つのだが、それは、日蓮正宗の本山大石寺のある富士山麓にほかならず、日興、日目いらい「代々の大石寺の御法主上人猊下は、事ある毎に幕府を諌め、朝廷を諌めて国立戒壇建立に努められてきた」と述べ、それが創価学会の使命であるとした。また王仏冥合の精神とは「社会の繁栄は、一社会の繁栄であってはならない。全世界が、一つの社会となって、全世界の民衆が、そのまま社会の繁栄を満喫しなければならない」ということだと規定した。

対外的には戸田は、ジャーナリズムを通じて「衆議院には候補者を立てない」（『週刊朝日』昭和三十一年七月二十九日号）、「参議院にははいっておかんと、政治的妨害が出た場合に、ふせぎようがない。あれは攻撃陣じゃなくて、防御陣」（『週刊朝日』昭和三十二年七月七日号）、「わしの力のあるかぎりは、断じて政党などやらんぞ」（『総合』昭和三十二年五月号）等々と宣伝していた。

しかしながら、創価学会の政治進出の目的は、まさに日蓮正宗の「広宣流布」であり、そのシンボルとしての「国立戒壇」の建立にあり、その目的を政治権力を通して実現しようとすることにあったことは明らかである。

「戒壇」とは戒を授ける儀式を行なう場所で、わが国では東大寺戒壇が最初だが、古代国家の国家仏教のもとでは、僧侶や尼僧は宗教官僚としての公の身分であったわけである。国家仏教体制では、いうまでもなく国家権力が建立するものであった。しかし、今日の信教の自由のもとでは、こうした考えが、政教分離の民主主義的原則とはまったく両立しないものであることは論をまたない。ただ、戸田には、それが理解できなかったのである。

突然の死

昭和三十一年末に公称五十万世帯をこえた創価学会は、北海道・九州に総支部制をしき、関西総支部とともに全国的に基盤が固まり、折伏攻勢がいちだんと強化された。

昭和三十二年五月十九日にひらかれた全日本炭鉱労働組合（炭労）の第十七回定期大会は、同年度の行動方針として「新興宗教団体の対策」を打ち出したが、これは、九州・北海道方面の創価学会の増加に対する対策であった。この方針にしたがって、北海道炭労は、組織的な創価学会対策を実施した。戸田は、ただちに多数の青年部幹部と辻・白木両参議院議員を渡道させ、札幌、夕張で大会をひらいて気勢をあげたが、戸田自身も夕張大会で、「売られたケンカは買おうではないか」と炭労批判の演説を行なった。

このころ、戸田は、すでに病んでいたが、二十九歳のときから入獄中をのぞいて一晩も欠かしたことがないという好物の酒は、日中でも手放すことはできなくなっていた。酔っぱらって講演することもめずらしくなかった。

「ぼくは今度病気をした。ちょうど二週間やられた。皆が、やれ病院へ行けとか、やれ名医にかかれとか、うるさくてしょうがない。だが私には確信がある。絶対死なないという確信がある。死んでたまるものか。そこが確信の問題だ」と六月の男子青年部幹部会で語っていた体も、秋から次第に衰弱の度を加えてきた。

同年九月八日、横浜三ツ沢競技場で開催された第四回東日本体育大会において、戸田は、「今後遺訓とすべき第一のものを発表する」と、はじめて原水爆問題について宣言を発表した。

今、世に騒がれている核実験、原水爆実験にたいする私の態度を、本日、はっきりと声明したいと思うものであります。いやしくも私の弟子であるならば、私のきょうの声明を継いで、全世界にこの意味を透徹させてもらいたい。……

それは、核あるいは原子爆弾の実験禁止運動が、今、世界に起こっているが、私はその奥に隠されているところの爪をもぎ取りたいと思う。それは、もし原水爆をいずこの国であろうと、それが勝っても負けても、それを使用したものは、ことごとく死刑にすべきであるということを主張するものであります。

なぜかならば、われわれ世界の民衆は、生存の権利をもっております。その権利をおびやかすものは、これ魔ものであり、サタンであり、怪物であります。それをこの人間社会、たとえ一国が原子爆弾を使って勝ったとしても、勝者でも、それを使用したものは、ことごとく死刑にされねばならんということを、私は主張するものであります。

たとえ、ある国が原子爆弾を用いて世界を征服しようとも、その民族、それを使用したものは悪魔であり、魔ものであるという思想を全世界にひろめることこそ、全日本青年男女の使命である。

（『戸田城聖先生講演集』下）

昭和三十二年末に公称七十五万世帯を達成してむかえた三十三年の正月、戸田は、年頭の和歌三首を会員に発表した。

獅子吼して貧しき民を救いける
　七歳の命晴れがましくぞある

今年こそ今年こそとて七歳を
　過して集う二百万の民

若人の清き心に七歳の

苦闘の跡こそ祝福ぞされん

三月一日、総本山大石寺で法華本門大講堂の落慶大法要が営まれた。比叡山の迹門の講堂に対して、本門の講堂とよばれたこの建物の建築に要した四億円は、創価学会会員の募金によるものであった。同月いっぱい、落慶の慶祝事業として、二十万人の創価学会信者が登山したが、戸田は、この間、本山内に滞在して指導にあたった。

二月十一日に五十八歳の誕生祝いをかね病状の少憩をきっかけに、幹部を集めて全快祝いを行なった戸田ではあったが、衰弱は確実に進行していた。

落慶法要には当時の岸首相や松永文相、安井都知事らが祝辞をおくった。

同十六日、戸田は大石寺に岸首相を招待して盛大な歓迎大会を計画したが、岸は自分では来ず、代理を送った。戸田は、岸について、「日本の政権を保って社会党と共産党をおさえていける人は、岸先生しかいないということを、あの人が幹事長のときに深く心に思うて尊敬していた」と評していた。

戸田は、青年部員六千名を雨中に整列させ、一国の首相を迎えて「広宣流布の模擬試験」を行なおうとしていただけに、失望と落胆は大きかった。

本山に滞在中、病勢のすすんだ戸田は、四月一日下山して、日大病院に入院、翌四月二日午後六時三十分、妻と息子にみとられつつ、浮沈多かった五十八年の生涯を終わった。肝硬変による心臓衰弱である。

本部で会議中の幹部たちは、喬久からの電話で戸田の急逝を知らされた。

四月八日、豊島区雑司ケ谷の日蓮正宗常在寺で、戸田家の告別式が行なわれ、創価学会葬は、青山葬儀所で四月二十日挙行され、二十五万人の創価学会員が参列し、岸首相も焼香した。

法名は大宣院法護日城大居士、墓は富士の大石寺にある。

結びにかえて

戸田の死後、二年間の空白をおいて、昭和三十五年五月、三十二歳の池田大作が第三代会長についた。

池田は、ただちに戸田の思想を「後世の指針として伝え」るために、戸田の『巻頭言集』・『論文集』・『講演集』・『講義集』・『質問会集』などを、つぎつぎに刊行し、やがてそれらは、『戸田城聖全集』全五巻に再録された。

「戸田城聖先生の教えにたいしても、かつては、学会内においても、評論家、雑誌記者等においても、バカにし、けいべつの念をいだいてきたときもあった」（『論文集』序文）と池田は述べているが、創価学会内部での池田の指導権の確立とともに、かれは、戸田との「師弟不二」の関係を宣揚すべく、昭和四十年元旦から、小説「人間革命」の連載を『聖教新聞』紙上ではじめた。戦後の日本社会を背景に、戸田を「世界第一の英傑」にえがき出し、同時に池田自身を戸田の唯一の正統を継ぐものとするねらいが、そこにはあった。

だが、池田のえがく戸田の像は、あくまでも虚像である。「風貌からくる印象は、大会社なら庶務課長、小会社なら平の常務といったあたりで、三度に六度という厚いガラスの強い近眼鏡の中の小さい眼は、コレクトマニヤの執念じみたものを思わせる」（『中央公論』昭和三十一年九月号）と近藤日出造が漫画家らしい人物観察をしていることからもうかがわれるように、戸田には、池田のえがく「大預言者」といった風格よりも、むしろ、もうけを片時も忘れることのない小事業家、「勝負」に生きがいを見出す投機的商人、はったりと大言壮語で人をけむにまく山師的性格、といったほうがぴったりくるということを、生前の戸田を知る人びとは語っている。

およそ教祖的人格のなかでも、戸田城聖ほど、ざっくばらんの人物は少ないようである。この性格は、かれの庶民性にも通じる。牧口常三郎―戸田城聖―池田大作と創価学会の三代の会長を並べてみると、いつも書物を離さず、きむずかしい顔つきで、思索にふけった学究肌の牧口にくらべて、素っ裸でコップ酒をあおりながら新聞記者のインタビューに応じる戸田には、およそ教祖らしい雰囲気は感じられない。また、かつて自分の住んでいた家屋を箱根山中の創価学会の施設の一隅にそっくり移築して、往時を偲ぶような英雄趣味をもつ池田とちがって、晩年の戸田は、二十年来住みなれた港区白金台町の二階家の借家に妻の両親と同居して、妻とひとり息子と三人、簡素な家庭生活を送っていた。

さばけた苦労人という点では、世界救世教の岡田茂吉の面影に通じるものがある。岡田は、「暑いときは、ゆかたでアグラをかいて書くこともあるが、それが気にくわなかったら、もらってくれなくったっていいんだ。斎戒沐浴でなけりゃ効かないなんていうのとは違うんだからね」とお守りやご神体を製造するときの自分の生態を、こんなふうにぶちまけ、ベランメエがかったまき舌で烟にまいた（乾・小口・佐木・松島『教祖』）。その岡田茂吉が、浅草の場末で育ち、小商人から株に手を出し、破産したあげく、結局、病気治しの宗教活動にはいっていったのと、ほとんど同じような経緯をたどった戸田もまた、たくみなかけひきと、人情の機微を敏感につかみ、人心をつかむ妙を心得ていたし、宗教活動のうえでも小事業家的なカンを大いにはたらかせた点も共通している。

もちろん、宗教のカリスマ的指導者であれば、一様にワンマン的性格はもっている。戸田の場合も、もともとからの親分的な豪気さにくわえて、岡田ともあい通ずるテキヤ的性格があるのだから、その人を喰ったワンマンぶりは、いっそう顕著である。戸田時代の創価学会の指導陣のトップにいた柏原ヤスなどは、戸田に子守っ子のようにからかわれていたという。

晩年はともかく、若いころは「遊び」の好きだった戸田は、待合や料亭によく通ったが、深みにはまったこともある、という。いったいに新宗教を国家権力が「淫祠邪教」扱いするときには、教祖の女性関係が問題とされるケースが目立ち、この点出口王仁三郎や御木徳近の例は有名である。これらは国家権力側のデマ宣伝であることが多いが、一部の真実をふくんでいないわけではなかろう。

しかし、いずれにしろ戸田が婦人の信者に大きな魅力をもつ存在として映っていたことは、他の教祖たちと同様である。会内での理想の男性は、という問いに参謀室の青年だと答えた若い女性会員たちが、では戸田先生はと聞かれると、いっせいに「戸田先生なら文句ないわ」という返事が返ってきたと宗教学者佐木秋夫は語っている。

戸田が、「青年は青年を呼ぶ」と語っていたように若い青年たち——その多くは、敗戦によって、それまでもっていた価値観をなくし、自信を失っていた青年たちであり、みな一様に、貧しく、混乱期の生活難とたたかいながら、新しいなにかをつかみたいと求めている青年たちだった——に、大きな期待をかけたのはたしかである。

青年は、だれしも正義感をもっている。社会悪や不正、腐敗には、はげしい憤りをもっている。戦争や暴力をにくみ、平和で幸福な未来をねがっている。そうした青年のもっている正義感に、戸田は、真正面から訴えた。民衆の幸福、民族の真の平和は、唯一の正しい宗教、日蓮正宗創価学会をひろめることによって実現されるのであり、それをさまたげているのは、もろもろの「邪宗」なのだ、と。

このたたかいのにない手こそ青年であると、戸田は青年特有の正義感・使命感に訴え、青年たちのエネルギーを大きくひき出したにちがいない。

このあたりに創価学会の爆発的な発展の秘密を解くカギがあるようだ。入信歴や年功序列にこだわらずに、青年をどしどしと抜擢、起用した戸田は、当然、会長世襲制を否定することになる。立正佼成会や霊友会が会長世襲制のコースを歩んでいるのに反して、創価学会が、戸田の死後も教勢の伸長をつづけることのできたひとつの要因になっている。

では、いったい戸田は、創価学会がどれくらいの勢力の教団になるだろうと予測していただろうか。おそらく、初期には、ライバル教団立正佼成会の発展ぶりをみて、七十五万世帯という数字を想定したのだろうけれども、後期には、当時の天理教の勢力を考えてのことだろうか、三百万という数字をあげたことがある（『大世界』昭和三十二年九月号）。戸田は自分の死ぬまでに「広宣流布」が成就するとは思ってはいなかったにしても、三百万位の教団を目標に置いていたわけである。

ところが、戸田の死後、今日まで創価学会は戸田の予想をこえた発展をとげた。そこから戸田の思想と言説は、無視することのできない一定の社会的性格を帯びてこざるを得ない。いわんやそれらが「学会の指導の根底をなす思想であり、広宣流布達成への指導の根本であり、原典」（池田大作）とされている以上、酔っぱらった男の無責任な快弁とかたづけるわけにはいかない。

一例を原水爆問題にとるならば、戸田の「原水爆の使用者は死刑にする」という「遺訓」が、現実の問題になれば「王仏冥合の実現をめざした活動こそが真実の平和運動」という独善的な考えになり、原水禁運動は「平和の仮面をかぶった悪魔の使徒」ということになる。

本書では、こうした創価学会の思想と運動の社会的役割についての総体的分析と評価は、ふれえなかった。筆者にとっては今後の課題であるが、すくなくとも明確な政治への指向性をもっていた、一個の宗教的政治運動体が、一九五〇年代の日本の政治的社会的風土のなかでどのような役割を果したかを冷静に判断しなければならないときがきている。

ここでは、ひとつの興味のある発言を示すにとどめよう。それは、『ニッポン日記』で有名なマーク・ゲインが、最近のNETテレビの〝ドキュメンタリ現代〟（昭和四十五年八月二十三日放映）で、創価学会にみられる〝新しいナショナリズム〟と経済の「高度成長」と再軍備の三つが結びついたとき、日本はどうなるかという問題を提起して、右翼の巨頭・児玉誉士夫から、つぎのような言葉をひきだしていることである。「もし創価学会がなかったら革命がおこっていただろう。創価学会は革命から日本をすくった」のだと。

本書の冒頭で述べたように、言論・出版妨害にあらわれた創価学会（＝公明党）の体質の原型は、まさに戸田時代に形成されたものであった。現在、創価学会は、「邪教論」「国立戒壇論」の教義を、表向きは公式にとり消している。そして、あらためて創価学会は新しい道を模索しているかのようである。ところで、一般の宗教教団であるならば、ある転換期にさしかかったときには、たえず教祖の精神にかえるということが提起される。そこをバネにしてまた新たな教団の発展の道をはかるというのが、いわば常道であろう。しかし、創価学会は、もはや初代牧口にも、二代戸田の教義にもかえることはできない。

戸田の宗教思想と、そこからでてきた政治思想とが、普遍性と現代性をもつものでなかったというだけでなく、それを、回生の跳躍台たらしめることができないという意味で、それは二重の悲劇というべきであった。

戸田城聖略年譜

西暦	年号	戸田城聖年譜	社会情勢
一九〇〇	明治33	二月十一日、石川県江沼郡塩屋村に生まれる（甚一）。	治安警察法公布。北清事変。
一九〇三	明治36	一家は、北海道石狩郡厚田村に移住。	
一九〇四	明治37		日露戦争。
一九一四	大正3	厚田尋常高等小学校の高等科卒業、家業を手伝う。	第一次世界大戦。
一九一五	大正4	七月、札幌の（小）合資会社の住込み社員となる。	中国に二十一ヵ条要求。
一九一八	大正7	四月、退社して、石狩炭鉱株式会社の販売所事務員となる。六月、夕張郡登川村真谷地小学校の准訓導。十二月、正教員の資格をとる。	米騒動。シベリア出兵。
一九二〇	大正9	三月、上京し、初夏、西町小学校長牧口常三郎と会い、同校臨時代用教員となる。	戦後大恐慌。第一回メーデー。
一九二二	大正11	十二月、三笠小学校教員をやめ、八千代生命外交員となる。この年、浦井千代と結婚。	ワシントン軍縮会議。
一九二三	大正12	時習学館を設立。	関東大震災。
一九二四	大正13	長女を亡くす。	第二次護憲運動。
一九二五	大正14		治安維持法。
一九二八	昭和3	三谷素啓の折伏で入信した牧口につづいて、日蓮正宗に入信。	三・一五事件。第一回普選。
一九二九	昭和4		世界大恐慌。

一九三〇	昭和5	五月、『推理式指導算術』刊行。十一月、牧口『創価教育学体系』第一巻刊行。「創価教育学会」創立。	ロンドン軍縮会議。米価暴落。
一九三一	昭和6	三月、牧口『価値論』(『体系』第二巻)刊行。中央大学経済学部(夜間)卒業。	満州事変。金輸出再禁止。
一九三四	昭和9	六月、牧口『体系』第四巻刊行。この年、再婚。	文部省思想局設置。
一九三六	昭和11	八月、創価教育学会第一回講習会(大石寺)。長男喬久誕生。	二・二六事件。日独防共協定。
一九三七	昭和12	創価教育学会発会式(麻布菊水亭)、理事長となる。	日中戦争。国民精神総動員運動。
一九四〇	昭和15	創価教育学会第二回総会(九段軍人会館)。	大政翼賛会発足。
一九四一	昭和16	七月、機関紙『価値創造』創刊。八月、第六回夏季講習会(延べ一八三名、戦前最後の講習会)。十一月、秋季総会(神田一ツ橋教育会館)、当時会員数約三千。生活革新実験証明座談会が支部単位で行なわれる。	太平洋戦争。
一九四二	昭和17	『価値創造』第九号発行(当局の指示により、この号で廃刊)。	食糧管理法。
一九四三	昭和18	六月、会員二名、特高警察に逮捕される。七月、牧口、戸田ら治安維持法違反、神社に対する不敬罪の容疑で検挙される。	ガダルカナル島撤退。学徒出陣。
一九四四	昭和19	十一月、牧口、獄死。	学童疎開。勤労動員。本土空襲。
一九四五	昭和20	七月、戸田、保釈出所。	無条件降伏。
一九四六	昭和21	一月、法華経講義をはじめる。五月、第一回幹部会。六月、『価値創造』復刊。八月、第一回夏季講習会。九月、地方折伏。十一月、牧口三回忌法要、創価学会第一回総会。	天皇人間宣言。農地改革。
一九四七	昭和22	青年部「邪宗」折伏始まる。十月、第二回総会。	新憲法施行。六・三制。

一九四八	昭和23	十月、第三回総会。十一月、牧口五回忌法要。	昭電疑獄。
一九四九	昭和24	七月、『大白蓮華』（月刊）創刊。十月、第四回総会。	下山・三鷹・松川事件。
一九五〇	昭和25	十月、事業の失敗により理事長を辞任、後任に矢島周平。	朝鮮戦争。レッド・パージ。
一九五一	昭和26	四月、支部を改廃し、十二支部とする（会員約三千）。『聖教新聞』（旬刊）創刊。五月三日、第二代会長となる。七月、男子青年部・女子青年部結成。九月、「青年訓」。十月、「部隊長訓」。十一月、『折伏教典』刊行。	対日講和・安保両条約調印。
一九五二	昭和27	二月、青年部に参謀部設置。四月、立宗七百年記念四千名登山。「狸マツリ」事件。『御書全集』刊行。九～十月、青年部による立正交成会総攻撃。十月、創価学会、地方宗教法人として認可、財務部員制を実施。十二月、堀日亨監修・戸田城聖著『日蓮大聖人御書十大部講義』第一巻「立正安国論」刊行。	破防法施行。血のメーデー事件。
一九五三	昭和28	七月、『十大部講義』第二、三巻「開目抄」上、下刊行。九月、『聖教新聞』週刊となる。十一月、本部、信濃町に移転。牧口『価値論』を戸田城聖補訂で刊行。	朝鮮休戦。保全経済会休業。
一九五四	昭和29	三月、一支部一部隊制しかる、参謀室設置。八月、全国地方折伏はじまる。十月、富士で青年部隊の閲兵式、「国士訓」。十一月、文化部設置。	教育二法。防衛庁・自衛隊発足。ビキニ水爆被災。
一九五五	昭和30	三月、小樽問答。四月、地方選挙、都区市議に五十二名当選。五月、東京都内にブロック制実施。七月、『十大部講義』第四巻「観心本尊抄」刊行。	A・Aバンドン会議。原水禁世界大会。日本母親大会。

一九五六	昭和31	四月、学生部設置。七月、参院選挙、全国区二名、大阪地方区一名当選。八月、「王仏冥合論」（～五七年四月）。	日ソ共同宣言。砂川事件。国連加盟。
一九五七	昭和32	五月、炭労問題。七月、妙悟空『人間革命』刊行。九月、原水爆問題で声明。	宇宙時代開幕。
一九五八	昭和33	二月、戸田城聖講述『日蓮正宗方便品寿量品講義』刊行。三月、法華本門大講堂落慶法要。四月二日、東京日大病院で死去。四月八日、告別式。四月二十日、創価学会葬。	勤評闘争。警職法反対運動。
一九五九	昭和34	四月二日、一周忌法要（大石寺）。七月、録音レコード刊行。	キューバ革命。砂川事件伊達判決。
一九六〇	昭和35	五月三日、池田大作、第三代会長に就任。『戸田城聖先生巻頭言集』刊行。八月、『戸田城聖先生論文集』刊行。	新安保条約成立。三池争議。
一九六一	昭和36	四月、四回忌法要。五月、『戸田城聖先生講演集』上、刊行。十月、同下、刊行。	三無事件。
一九六二	昭和37	四月、五回忌法要。	中印国境紛争。ＬＴ貿易。
一九六三	昭和38	八月、『戸田城聖先生質問会集』刊行。	原水禁大会分裂。
一九六四	昭和39	四月、七回忌法要。	原潜寄港反対運動。企業倒産続発。
一九六五	昭和40	八月、『戸田城聖全集』第一巻刊行（～六六年、第五巻）。	日韓条約調印。
一九六七	昭和42	四月、十回忌法要。	美濃部都政。
一九六八	昭和43	四月、満十年の法要（八王子墓園）。	大学紛争激化。
一九七〇	昭和45	三月二十五日、親族だけで十三回忌法要（大石寺）。十一月、『若き日の手記・獄中記』親族の手で刊行。	ベトナム戦火拡大。

復刻にあたって

本書は、新宗教の教祖伝シリーズ（「現代の宗教」全五巻）の一冊として、今から半世紀近く前の一九七一年二月、新人物往来社から刊行されたものである。その後、長く絶版となっていたが、復刊を望む声もあり、このたび、本の泉社のご好意で復刻されることになった。遠く離れていた吾が子と再会できたような気分で、著者として喜びに堪えない。復刻にあたって、誤記、誤植は、出来る限り訂正した。

思えば、一九七一年に本書が刊行できたのは、その前年、創価学会＝公明党による言論出版妨害問題が世論にきびしく糾弾されたからである。批判を受けて姿を消した創価学会の古い文献を求めて、著者は東京中の古書店を尋ね歩いた。創価学会の機関紙「聖教新聞」は縮刷版で、第一号から丹念に読んだ。本書に、もし、なにほどかの価値があるとすれば、著者が「戸田城聖をはじめ、創価学会関係の資料をして直接語らせる姿勢をとったことは、読者に対して大きな説得力を生んでいる」と故笠原一男東大教授が評言してくれたように、本書の「表現方法」にあるかも知れない。

さて、創価学会は、発足以来、「我々はそこらの新興宗教とは違う、七百年の伝統をもつ日蓮正宗創価学会だ」と自賛してきた。その日蓮正宗から破門（一九九一年）され、創価学会は会則、法人規則を改め、日蓮正宗とは無縁の、牧口初代会長、戸田第二代会長、池田第三代会長を「永遠の指導者」（会則第三条）とする、独立の新興教団に完全に変質した。牧口、戸田両氏ともすでに死去しているから、実質的に池田大作氏一人が「永遠の指導者」となる。日蓮正宗・宗務院が「日蓮正宗の仏法とは完全にかけ離れ…実質的な新興宗教『池田教』」と呼んだのも、けだし当然であろう。

これをして、「宗門との決別により学会は世界に発展」（「聖教新聞」二〇一二年一一月一四日付）した、といえるか、どうか。破門され、別法人となり、日蓮正宗総本山・大石寺の「御本尊」を拝むことが出来ないのだから、古参会員や信心強盛な会員の動揺は大きい。

さいきん創価大学教授が、次のような批判論文を発表して注目された――「少数の高学歴等のエリートが創価学会の運動全体を牽引している」「末端や底辺の会員の欲求や苦境が運動に反映されず」「組織の官僚化と硬直化」が生まれている。その運動は「池田名誉会長を宣揚するものが中心」で、「社会的弱者への視線を共有した社会的運動は見られ」なくなった。公明党との関係でいえば、自民党と連立をくむと、「それまでの反戦平和理念を全く棚上げ」し、「創価学会員の反戦平和観とのズレを大きく」し、「宗教団体による政治参加の内在的限界が露呈してきた」（中野毅「民衆宗教としての創価学会―社会層と国家との関係から―」（『宗教と社会』第一六号、「宗教と社会」学会、二〇一〇年）と。創価学会知識人の痛烈な告発である。

本書は、戸田城聖の生涯と初期創価学会について論述したものだが、創価学会の全体像と池田大作氏に関しては、七里和乗『創価学会はどこへ行く』（新日本出版社、一九八〇年）、同『池田大作・幻想の野望――小説『人間革命』批判』（新日本出版社、一九九四年）、江藤俊介・七里和乗『自民党・創価学会・公明党』学習の友社、二〇〇三年）、溝口敦『池田大作「権力者」の構造』（講談社＋α文庫、二〇〇五年）などを参照されたい。

二〇一七年　晩秋

著者

【書評】

☆原資料の豊富な引用で追求

「戸田城聖―創価学会」（日隈威徳著）

戦後の日本で活発な動きを展開した新宗教の数は多い。そのなかで創価学会ほど内外の関心を集めた宗教団体はあるまい。膨大な民衆に一つの価値観を与え、強固な宗教共同体的組織を形成し、戦後の社会と人生を生き抜く心と連帯感のよりどころを与えたことだけが、創価学会への関心が大なる理由ではない。もう一つの理由に、そうした巨大な、しかも堅い組織をバックとした政界への躍進の成果としての公明党の問題がある。

創価学会は、宗教と政治の両界におけるそうした成果を戦後二十五年の間に、一粒の種から実らせたのである。その一粒の種をまいた人、それが戸田城聖であった。創価学会の歴史は、初代牧口常三郎、二代戸田城聖、三代池田大作の三代の会長を軸として、今日に至っている。しかし、今日の創価学会の思想的、組織的等々の基礎を築いたのが戸田城聖である。戸田城聖は事実上の創価学会の創始者的役割りを果たした人物といえる。

そのような戸田城聖の宗教や、宗教と政治との関係、つまり王仏冥合路線は、現在の池田路線から大きく後退させられようとしている。創価学会の宗教的・政治的路線は、二転三転して今日に至っている。そのなかでも、昭和三十九年、昭和四十五年が最も大きな転換期であった。昭和四十五年五月三日の本部総会は、従来の戸田路線を大幅に転換せしめたものといえる。

しかし、戸田城聖が創価学会に与えた影響は、今日はもちろん、今後ともに、大きくその影を残すであろう。そのような意義をもつ戸田城聖の生涯を、宗教的、政治的角度はもちろん、広い視野から究明したのが本書である。本書は、「事業家を目ざして」「日蓮正宗との出会い」「創価学会の旗あげ」「折伏大行進」「王仏冥合」の五章から成っている。著者は歯に衣《きぬ》をきせない筆法で、人間城聖を描き、成長期の創価学会の思想、組織、政治への姿勢などについて詳細に論じている。

なかでも、著者が本書全体に通じてみられる表現方法として、戸田城聖をはじめ、創価学会関係の資料を大幅に引用し、資料をして直接語らせる姿勢をとったことは、読者に対して大きな説得力を生んでいる。なぜならば、創価学会関係の資料は一般の民衆が注釈なしに理解出来るやさしい表現の文章が多いからである。さらにまた、そうした原資料をして語らしめる方法は、著者の主張に客観性をもたせるという意味でも役立っている。

このような本書は、創価学会の過去と現在と未来を知ろうとする人々に、数々の知識を提供してくれるであろう。

（笠原一男・東大教授）

（新人物往来社、Ｂ６判・二五〇ページ、六八〇円）

著者紹介
日隈威徳（ひぐまたけのり）

1936年鹿児島市に生まれる。東京大学文学部印度哲学梵文学科卒業、同大学院修士課程修了。気象大学校、文教大学で非常勤講師。鈴木学術財団研究部、春秋社編集部を経て、日本共産党中央委員会に新設された宗教委員会に勤務（1976～2004年）、その間、同委員会責任者（1982～2004年）、参院比例代表名簿登載者（1983～1995年）、中央委員（1987～2004年）。

〈現在〉
勤労者通信大学講師、アジア・アフリカ研究所会員、部落問題研究所会員、日本共産党を支持する全国宗教人の会・代表委員

〈著書〉
『戸田城聖—創価学会—』（新人物往来社、1971年）、『現代宗教論』（白石書店、1983年）、『勝共連合』（新日本新書、1984年）、『宗教と共産主義』（新日本新書、1985年）、『宗教と民主政治』（白石書店、1997年）、『相寄る魂　宗教者との対話と共同を求めて』（ケイ・アイ・メディア、2004年）、『宗教とは何か——科学的社会主義の立場』（本の泉社、2010年、日本図書館協会選定図書）、他。

〈編書〉
『討論　宗教の新生——社会変革へのかかわり』（大月書店、1978年）、「宗教についての対話」（新日本出版社、1988年）、『いま、宗教者と語る——日隈威徳対話集』（白石書店、1992年）、『宗教政治論の試み』（本の泉社、2013年）。

〈訳書〉
マックス・ウェーバー『アジア宗教の基本的性格』（共訳、勁草書房、1970年）。

戸田城聖《とだじょうせい》 **—創価学会—　復刻版**

2018年6月26日

著　者　日隈　威徳
発行者　新舩　海三郎
発行所　株式会社　本の泉社
〒113-0033　東京都文京区本郷2-25-6
電話 03-5800-8494　FAX 03-5800-5353
http://www.honnoizumi.co.jp/
DTP　株式会社西崎印刷（池松浩久）
印刷製本　中央精版印刷株式会社

ISBN978-4-7807-1647-4 C0036 ¥1,700E